Educar para o Imponderável

CONSELHO EDITORIAL

Beatriz Mugayar Kühl – Gustavo Piqueira
João Angelo Oliva Neto – José de Paula Ramos Jr.
Lincoln Secco – Luís Bueno – Luiz Tatit
Marcelino Freire – Marco Lucchesi
Marcus Vinicius Mazzari – Marisa Midori Deaecto
Paulo Franchetti – Solange Fiúza
Vagner Camilo – Wander Melo Miranda

Luís Carlos de Menezes

Educar para o Imponderável
UMA ÉTICA DA AVENTURA

Ateliê Editorial

Copyright © 2021 by Luís Carlos de Menezes

Direitos reservados e protegidos pela Lei 9.610 de 19 de fevereiro de 1998.
É proibida a reprodução total ou parcial sem autorização, por escrito, da editora.

Dados Internacionais de Catalogação na Publicação (CIP)
(Câmara Brasileira do Livro, SP, Brasil)

Menezes, Luís Carlos de
Educar para o Imponderável: Uma Ética da Aventura
/ Luís Carlos de Menezes. – Cotia, SP: Ateliê
Editorial, 2021.

Bibliografia.
ISBN 978-65-5580-019-7

1. Civilização – História 2. Educação 3. Ética
4. Evolução 5. Universo I. Título.

20-46585   CDD-370

Índices para catálogo sistemático:

1. Educação   370

Cibele Maria Dias – Bibliotecária – CRB-8/9427

Direitos reservados à
ATELIÊ EDITORIAL
Estrada da Aldeia de Carapicuíba, 897
06709-300 – Granja Viana – Cotia – SP
Tel.: (11) 4702-5915
www.atelie.com.br | contato@atelie.com.br
facebook.com/atelieeditorial | blog.atelie.com.br

Printed in Brazil 2021
Foi feito o depósito legal

Sumário

AGRADECIMENTOS 9

PREFÁCIO 11

INTRODUÇÃO 13

1. O Imponderável 19
Novos Desafios 29
Educar sem Perspectivas 36
Razões para Outra Ética 43

2. A Aventura 51
História e Civilizações 56
Presente 56
Passado Recente 65
Industrialização do Mundo 79
Idade Média 91
Impérios e Civilizações 98
Antecedentes e Ancestrais 114
Evolução da Vida e do Universo 122

3. A Ética 135
Consciência Crítica do Percurso 137

8 EDUCAR PARA O IMPONDERÁVEL

Uma Ética da Aventura 154
Ciência & Religião 160
Degradação Ambiental Irreversível 163
Desigualdade e Exclusão Social. 165
Violência, Guerras e Terror Sectário 170
Democracias Ameaçadas. 174
Educar para o Imponderável 178
Um Grande Desafio. 183
Educação e Degradação Ambiental 190
Educação, Desigualdade e Futuro do Trabalho. 195
Educação, Violência, Guerra e Terror 207
Educação e Defesa de Democracia. 213
Educação e a Ética da Aventura. 217

REFERÊNCIAS BIBLIOGRÁFICAS 223

Agradecimentos

Foram tantas as contribuições recebidas entre cogitar e concluir este livro que seria difícil registrar todas. Entre as mais ostensivas estão conversas com minha companheira, a educadora Regina Cândida Ellero Gualtieri, e as contribuições de muitos amigos, como a leitura crítica do sociólogo Antônio Carlos Boa Nova, as preciosas observações da educadora Sylvia Gouveia e do médico Naomar Almeida Filho, assim como o intercâmbio de leituras com o psicólogo Lino de Macedo e o matemático Nilson José Machado. Incluo neste agradecimento amizades do passado, a quem devo fundamentos de minha cultura científica e educacional, o físico Mário Schenberg e o educador Paulo Freire, assim como alunos de várias épocas, parceiros de contínuo e recíproco aprendizado.

Prefácio

Este livro já estava completo e sendo editado, com os mesmos título e subtítulo, antes de um novo vírus corona difundir em todo o mundo perturbações sanitárias, sociais, econômicas e políticas, alterando de forma duradoura relações de convívio e de trabalho. Essa pandemia explicitou problemas globais que inspiraram a busca por uma ética da aventura humana neste livro, como a descuidada interdependência com a biosfera e a crescente exclusão social e econômica, questões agravadas pelo autoritarismo político em muitos países e pela fragilidade dos mecanismos de cooperação internacional.

Esses problemas antecediam a pandemia viral que desequilibrou ainda mais a vida social e econômica, e o processo de reordenação que se seguirá repercutirá na vida de cada país e de cada pessoa, e manterá os jovens diante da mesma incerteza, agora em novas circunstâncias. Agora, como há muito tempo, faltam propostas para equacionar relações entre Estado e mercado ou entre equilíbrio natural e interesses nacionais, e não se garantem os direitos ao trabalho, à segurança social e a uma vida saudável. Essa falta de perspectivas questiona o próprio sentido de educar, sem saber em que mundo viverão os estudantes de hoje.

Muitos pensadores sociais, filósofos e educadores têm percepção semelhante, o que reforça a necessidade de se discutir a formação de jovens que, ao completarem sua educação básica, sejam capazes de enfrentar solidariamente o inesperado em sua vida pessoal, social e profissional. Isso é o que se denomina "educar para o imponderável".

A educação precisaria promover responsabilidade individual e coletiva, diante da degradação ambiental, da desigualdade econômica e da exclusão social de muitos, assim como do recrudescer da violência e do populismo autoritário, que parecem apontar para um impasse civilizatório. E para que cada um se perceba como partícipe da história e corresponsável pela biosfera, uma apreciação do percurso humano como parte do percurso natural pretende conduzir a um posicionamento ético que oriente a educação pretendida. Isso é o que se denomina "ética da aventura".

Revelar a vertiginosa incerteza hoje vivida e situá-la no grande panorama histórico e cósmico, para apresentar aos jovens o mundo como seu problema, envolve tantas e tão complexas questões que foi essencial recorrer ao trabalho de muitos pensadores. Essa interlocução, presente em quase todas as páginas deste livro, poderia envolver inúmeros outros autores, o que adiaria a discussão dos problemas do momento tão singular hoje vivido. Também por isso, este livro é um convite para diálogos, a serem conduzidos nos próximos e difíceis tempos, com quem compartilhe da inquietude que motivou sua publicação e disponha de outros elementos ou visões aqui não contempladas.

Luís Carlos de Menezes

Introdução

Questões sem Resposta e uma Hipótese

Como afirmado no "Prefácio", este livro já estava escrito antes da emergência da pandemia, o que justifica menção a ela nesta Introdução, mas sem outras alterações significativas, até porque esse inesperado só reforça a tese geral de que se educa para futuro incerto. Foram semelhantes os vetores e os danos globais das viroses de 1918 e de 2020, eventos ambientais inesperados que varreram o mundo de Leste a Oeste, com grandes repercussões sociais. Debelada a pandemia, continuará incerta a vida em sociedade, e seu impacto econômico e social lembrará o da crise mundial de 1929, eventos comparáveis porque relativamente próximos.

Mas para formular as questões maiores da aventura humana, será explorado neste livro todo o percurso da existência da espécie, ao longo de períodos históricos e eras ancestrais, como convite para se filosofar sobre como se chegou às circunstâncias atuais. O desenvolvimento da humanidade caracteriza-se por grandes mudanças em intervalos de tempo cada vez menores, pois o que antes se passava em milênios, agora se realiza em décadas, uma aceleração do tempo humano como se vai ilustrar a seguir.

14 EDUCAR PARA O IMPONDERÁVEL

Nos últimos cem mil anos a humanidade desenvolveu a linguagem simbólica e a razão, tendo invadido todos os continentes; nos últimos dez mil anos surgiram as civilizações, os impérios e grande variedade de culturas; nos últimos mil anos se estabeleceu a economia de mercado e se sucederam revoluções industriais; no último século a globalização econômica e cultural decorreu das revoluções tecnológicas; na última década já se consolida uma sociedade pós-industrial ou da informação. Essa aceleração exponencial nas transformações sociais e econômicas parece aproximar de um impasse a relação entre os recursos humanos, tecnológicos e naturais, assim como a organização social e política, possivelmente apontando para uma nova transição civilizatória.

Consequências sociais de transformações econômicas aceleradas pelo desenvolvimento científico-tecnológico são desafio inédito para se entrever o futuro em cenário global de instabilidade política. Para os protagonistas da vida econômica, beneficiários diretos do progresso, novos recursos tecnológicos ampliam bens e serviços. Esses recursos podem ser festejados por proverem formas inéditas de comunicação e informação, assim como por eliminarem o trabalho braçal e repetitivo quando incorporados a autômatos e sistemas, no entanto, essas conquistas da espécie humana também aprofundam desigualdades, pois reduzem oportunidades de trabalho para muitos que são excluídos da nova dinâmica cultural e produtiva, especialmente os pouco escolarizados em sociedades menos desenvolvidas.

O cenário global é de progresso material e concentração de renda nas economias centrais, de exclusão social e degradação natural em economias periféricas exportadoras de *commodities*, assim como de ondas migratórias em fuga da fome e da violência sectária em sociedades marginalizadas. Essa combinação de progresso e incerteza, de afluência e miséria, se associa ao declínio de propostas solidárias e igualitárias que, nos dois últimos séculos, acenavam com benesses sociais do desenvolvimento econômico ou apropriação coletiva dos meios de produção, ao mesmo tempo em que, ao lado de propostas ultraliberais, recrudesce autoritarismos políticos e fundamentalismos religiosos que são como ondas de choque de um passado inconcluso. Em poucas décadas, o desmonte de nações e a instabilidade de blocos econômicos apontam para um futuro cada vez menos previsível, e as poucas ilhas de algum equilíbrio socioambiental são casos isolados, não paradigmas que se considere generalizar.

Danos irreversíveis ao ambiente e sistemas, como a eliminação de empregos, são tomados como sequelas naturais do progresso, enquanto ditaduras brutais, sectarismo religioso e migrações em massa são mazelas dos excluídos pelo progresso. A concentração de riquezas ao lado de miséria persistente e de crescente degradação do meio natural, dependendo de como evoluam, podem comprometer o próprio processo civilizatório. Isso já ocorreu em outros momentos da aventura humana, mas nunca como agora, isto é, nunca envolveu tão rapidamente todos os agrupamentos sociais, alcançando depressa toda a espécie humana. Nesse sentido, trata-se de uma singularidade sem precedentes.

Em função dessas contradições, organizações de caráter não governamental se dedicam a aliviar o sofrimento humano em regiões miseráveis ou conflagradas e a minimizar danos a ambientes, espécies e culturas, atraindo pioneiros de uma cidadania global que se sentem responsáveis pela vida humana e seu ambiente. Diferentemente de soluções nacionalistas, isolacionistas ou individualistas, promovem engajamento social em torno de problemas globais, mas tratam os efeitos sem condições para combater suas causas, pois suas ações minimizam danos sem promover mudanças estruturais. Almejar tais mudanças seria assumir uma dimensão política que transcende a vocação de suas organizações, o que reflete o eclipse das propostas solidárias globais.

A falta de perspectiva para o enfrentamento de problemas sociais e ambientais se reflete na fragilidade dos órgãos mundiais de consulta e negociação, palcos de meras disputas por hegemonia político-econômica e incapazes de tratar as dramáticas situações humanas ou naturais que convivem com as revoluções tecnológicas. Assim, a busca de relações mais harmônicas entre humanos e desses com seu meio natural não tem perspectiva, deixando imprevisível mesmo o futuro próximo. Enfrentar contradições crescentes entre desenvolvimento econômico, equilíbrio socioambiental e desemprego estrutural, assim como a rapidez das transformações decorrentes, são novos desafios para projetar a vida ou para educar sem saber sequer que profissões persistirão.

Seria preciso uma formação que, além de tratar da história e das circunstâncias de cada entorno social, prepare para viver transformações globais e conceber novas práticas sociais, para promover uma cidadania que tome o mundo como seu problema. A pretendida formação de uma cidadania global, consciente de seu pertencimento à história e à natureza, dependeria de se compreender o percurso que trouxe a humanidade à sua condição atual, a partir de um envolvimento filosófico com a cultura humanística e científica, seguindo registros históricos, evidências das origens da civilização e da vida humana, ou mesmo do surgimento da vida, da Terra e do universo. Ter a perspectiva do presente e do passado de nações, civilizações, espécies e ambientes é condição para filosofar sobre a trajetória humana, permitindo percebê--la como parte da evolução universal. Elementos dessa cultura na atual educação básica, tratados de forma "neutra" e fragmentária, não convidam a um filosofar sobre a condição humana e seus desafios, em face das questões sociais, econômicas e ambientais de nossos tempos.

Diferentemente da memorização formal do percurso humano e natural, como usualmente praticada na escolarização atual, a pretendida formação da cidadania global demandaria uma visão crítica e analítica da aventura humana que lançasse luz sobre os dilemas do presente para fazer face a um futuro cada vez mais incerto. A hipótese é de que, ao se compreender a evolução da economia se problematizaria o desemprego tecnológico e suas decorrências sociais, ao se retomar a história do surgimento das religiões, das nações e de seus conflitos, se elaboraria uma visão compreensiva das atuais tensões entre elas e, ao mostrar como a espécie humana surgiu no convívio com outras espécies, parte das quais dizimou, se promoveria a consciência de pertencimento à biosfera que a humanidade hoje ameaça. Em síntese, admitindo--se que se está diante desses dilemas, a hipótese a ser explorada é de que um descortinar crítico do que se sabe sobre a aventura histórica e cósmica dê elementos para pensar uma ética que oriente a educação para um futuro imponderável, que forme gente solidária com seus semelhantes, compreensiva com diferentes convicções, atenta para danos ao ambiente e preparada para se contrapor a concepções políticas, religiosas e educacionais autoritárias.

Com a intenção de contribuir para a pretendida cidadania global, propõe-se o objetivo pouco usual de promover um encantamento com a aventura humana, para se vislumbrar uma ética dessa aventura. Paradoxalmente, pretender encantar com a aventura da existência para se promover uma ética, algo tão poético quanto político, depende das ciências humanas e naturais que, pelo contrário, se propõem a desencantar a compreensão mítica do mundo. Sem pretender ignorar essa contradição, o contemplar do tortuoso trajeto histórico e natural da espécie humana pretende promover uma educação que, além de formação prática e fruição cultural, apresente o mundo como problema aberto, estimulando os jovens à contínua reinvenção da vida em sociedade. O desafio de colocar o mundo em questão e esboçar uma ética que oriente o viver e o educar para o imponderável será percorrido, neste livro, em três etapas.

No primeiro capítulo, mostra-se o mundo de hoje como sociedade da incerteza, sinalizando desafios para enfrentar um futuro imediato imprevisível, de forma que continue a ter sentido qualquer empreendimento humano dependente de perspectivas, como educar. Ampliando a problematização iniciada nesta apresentação, esse capítulo procura, sob perspectiva social e ética, questionar o que seriam os rumos da participação social e da educação quando há falta de rumos para a própria vida em sociedade.

Buscando-se superar a apresentação usualmente fragmentária da cultura humanística e científica, no segundo capítulo percorre-se a história e a pré-história da vida humana seguida pela à evolução cósmica, na contramão do tempo. Discutido o vivido no presente, passa-se pelo que foi historiado sobre o passado e investigado sobre os primórdios da vida e do universo, para vislumbrar no espaço-tempo o percurso humano, histórico e natural.

Submetendo a uma análise crítica e filosófica a jornada histórica e cósmica esboçada no segundo, o terceiro e último capítulo trata de explicitar a singularidade da vida e do ser humano, para esboçar uma ética dessa sua aventura, de forma que cada um se perceba parte da biosfera, não seu mero morador, e parte da história, não apenas seu espectador. E esse filosofar em torno da cultura científica e humanista pretende propor uma consciência do percurso que resultou no atual impasse, consciência que oriente uma educação para um futuro ainda imponderável.

Discutir educação, economia, política, religiões, antropologia, evolução, cosmologia e ética só foi possível contando com contribuições ou sínteses feitas por muitos autores. Esses pensadores têm uma variedade de orientações teóricas e poderiam ser outros, eventualmente lembrados pelos leitores, o que reforça a importância do diálogo para o qual este livro é um convite.

I

O Imponderável

Nas primeiras décadas do século XXI, já ocorreram mudanças econômicas, sociais, culturais e ambientais só comparáveis às que, em outras épocas, levaram séculos para alcançar escala mundial. Esse ritmo de mudanças envolve todas as dimensões da vida humana, da política às formas de produção, das profissões às relações pessoais, em uma sociedade globalizada e interligada por redes de comunicação. A nova dinâmica das relações sociais e de trabalho torna imponderável até mesmo o futuro próximo, mesmo antes da virose epidêmica que cruzou fronteiras e devastou economias.

A globalização econômica e cultural corresponde a uma sociedade onipresente cujos produtos, processos e informações cruzam fronteiras e envolvem na mesma dinâmica transformadora a totalidade dos grupamentos humanos, com suas diferentes condições materiais, religiosas e políticas. A interligação em redes, por sua vez, dota essa sociedade de um ágil sistema nervoso que faz de cada coletividade, empresa e pessoa, um potencial receptor e gerador de informações e propostas, como polo celular de uma virtual sincronia planetária.

20 EDUCAR PARA O IMPONDERÁVEL

É exponencial o crescimento da quantidade de informações e da velocidade de seu processamento e comunicação, assim como da conectividade de indivíduos entre si e com uma variedade de sistemas. Tais desenvolvimentos ampliam a substituição por sistemas e máquinas de inúmeras formas de trabalho humano, não somente braçais e repetitivas, mas igualmente muitas outras conceituais e complexas. Chega a ser perturbador imaginar que o domínio humano, em que se interligam necessidades, emoções, valores e conceitos, possa se mesclar com o domínio virtual de informações, processamentos e inteligências artificiais, na delicada fronteira que envolve decisões de caráter ético.

Já é normal compreender que sistemas realizem determinações humanas, ou mesmo que antecipem certas decisões, desde que não tomem decisões de princípio. Mas autores como Ray Kurzweil preconizam que tecnologias de informação logo superarão competências humanas, como a inteligência moral[1]. Independentemente dessa expectativa se realizar, o que pareceria mais um pesadelo, sistemas já substituem o trabalho humano em práticas crescentemente complexas, o que tira oportunidades de trabalho de muitos e promove questões sociais ainda sem solução.

É uma ironia que se perca o controle sobre o futuro próximo, mesmo que a cada instante seja maior e mais personalizada a capacidade de escolha entre os produtos oferecidos pelo mercado. Essa permanente conexão de todos com a dinâmica mundial, a rapidez das transformações na produção, nos produtos e em suas trocas, resulta de crescente capacidade de informação, controle e domínio humano sobre os recursos e processos naturais, ou seja, do que se pode chamar de progresso. Isso que pareceria indicar mais segurança, mas, pelo contrário, acompanhado de rápidas al-

---

1. Ray Kurzweil, *The Singularity Is Near.*

teraçōes no convívio social e no mundo do trabalho, elimina funções e torna mais incerto o futuro individual e coletivo.

Entre os autores que apontam as ameaças por conta dessas mudanças, Pérez Gómez afirma:

> O extraordinário volume de interações, em incremento vertiginoso, dentro de cada indivíduo e entre os indivíduos e os grupos, de influxos plurais e interesses diversos e até contraditórios, torna em boa medida imprevisível e, portanto, incerto o comportamento dos indivíduos e dos grupos humanos[2].

Ele atribui a imprevisibilidade à diversidade de influxos e interesses, sendo indiscutível que o vertiginoso volume das trocas é determinante para a incerteza resultante.

Em muitos momentos do passado, a vida foi incerta por circunstâncias sociais, como guerras de conquista, ou fenômenos naturais, como epidemias e cataclismos. Circunstancialmente, isso ainda ocorre em muitas partes, mas a incerteza global hoje cresce junto à capacidade humana de intervenção. No começo da civilização, transformações com repercussões sobre toda a vida humana, como o domínio do fogo e da agricultura, levaram milênios para se realizar; ao longo da modernidade, mudanças de impacto mundial como as revoluções industriais levaram séculos; durante o século xx, mudanças econômicas e suas repercussões nos rearranjos de blocos políticos já ocorriam em décadas; mas a atual transformação nas formas de produção e troca de bens e informações é tão rápida que torna imponderável o futuro imediato da vida em sociedade de cada coletividade e de cada indivíduo. Por isso, a sociedade pós-industrial ou pós-moderna, que também tem sido chamada de sociedade da informação ou do conhecimento, pode ser igualmente percebida como sociedade da incerteza.

---

2. A.I. Pérez Gómez, *A Cultura Escolar na Sociedade Neoliberal*, p. 48.

22 EDUCAR PARA O IMPONDERÁVEL

O conhecimento científico e tecnológico, especialmente no último século, tem potencializado a apropriação de processos e recursos naturais pelas forças produtivas para a obtenção de alimentos, energia e materiais, para o desenvolvimento de máquinas, equipamentos, dispositivos e sistemas, para a paz e para guerras. Esse mesmo conhecimento científico também tem aprofundado a compreensão do macrocosmo e do microcosmo, ao mergulhar no tempo, para investigar o surgimento e a evolução da vida e do universo, e ao mergulhar no espaço, para analisar galáxias distantes ou manipular as partículas constitutivas do núcleo atômico e a molécula--fórmula dos seres vivos. A ciência e a tecnologia, portanto, aceleram as transformações econômicas e sociais e também ampliam a percepção histórica e cósmica com que o ser humano se situa no tempo e no espaço.

Compreensões científicas recentes têm especial apelo filosófico: saber que podem emergir ordens inéditas a partir de sistemas físicos caóticos, como a vida que surgiu em um planeta junto ao Sol, uma estrela entre bilhões de outras em uma galáxia entre bilhões de outras; compreender que todo o céu que se pode enxergar é uma parcela mínima de um universo enorme, mas finito, que se apresenta como um turbilhão de matéria em acelerada explosão; reconhecer o ser humano como fruto recente da biosfera, mas já responsável pela eliminação de muitas espécies com que convive; prever que a vida em nosso planeta se extinguirá com a evolução expansiva da estrela que nos aquece.

Uma expressão sintética do sentido de aventura no percurso histórico e cósmico da vida é a ideia de que tudo quanto existe decorre de uma combinação permanente do potencialmente causal com o meramente fortuito, do Acaso e da Necessidade, que dão nome ao livro de Jacques Monod[3] sobre a evolução da vida, título que se deve a frase atribuída ao pensador grego Demócrito, de que tudo quanto existe se deve ao que é fortuito e ao que é inevitável.

Essas compreensões produzidas pela ciência, ao situar toda a civilização num breve intervalo de tempo e ao questionar o próprio conceito de eternidade, tiraram o ser humano da pretensa condição de centro do universo, mas o colocaram como espectador privilegiado da aventura cósmica. Essas dúvidas sobre o destino da Terra e da espécie poderiam preocupar esse animal que filosofa, mas o que mais inquieta cada ser humano é a imprevisibilidade de seu futuro próximo, sobre o destino de sua descendência e do meio social e natural. Assim, em curto e médio prazos, não é a expansão acelerada do universo ou o inflar do Sol que preocupam, mas sim a aceleração desordenada das mudanças econômicas, sociais, ambientais e políticas, catalisadas em escala exponencial por uma associação de revolução produtiva, globalização econômica e conexão mundial em rede, acompanhadas pelo ressurgir de conflitos políticos, étnicos e sectários, cujas origens se perdem no passado.

Contraditoriamente à boa expectativa associada ao conceito de progresso, parte da crescente exclusão econômico-social se deve ao aperfeiçoamento dos processos produtivos. O conhecimento científico-tecnológico amplia e igualmente concentra a capacidade produtiva e o número de potenciais usuários de suas aplicações, mas reduzindo o número dos envolvidos na concepção e produção de bens e serviços. Máquinas e sistemas já realizam grande parte das atividades brutas e repetitivas, deslocando postos de trabalho da produção para os serviços e desses para o desemprego, eliminando o proletariado industrial, que já foi pensado como vanguar-

---

3. Jacques Monod, *O Acaso e a Necessidade*.

24 EDUCAR PARA O IMPONDERÁVEL

da da transformação social, e desequilibrando a seguridade social mesmo em economias avançadas.

Ao mesmo tempo, nações atrasadas em relação à modernização produtiva, ao adquirirem bens industrializados em troca de matérias-primas ou *commodities*, sofrem maior degradação do meio natural e sacrificam seu desenvolvimento social. Não por acaso, tudo isso vem acompanhado do eclipse de grandes utopias, do declínio de projetos libertários e igualitários para a vida em sociedade que, ao longo do século XX, ainda se apresentavam como possibilidade de um reordenamento social e econômico mundial. O abandono de utopias e a crise duradoura de projetos solidários mereceriam todo um capítulo, mas é possível rapidamente pelo menos ilustrar como e por que elas declinaram.

Especialmente Karl Marx no século XIX, assim como John Maynard Keynes no início do século XX, o primeiro preconizando a superação da economia de mercado e o último o controle desta pelo interesse público, são exemplos de pensadores cujas teses solidárias têm sido frustradas. Tony Judt coteja essas ideias em oposição ao que hoje se observa, pois se nenhuma se sustenta e a elas faltam alternativas, pode-se esperar convulsões maiores em um futuro próximo. Mas, se por um lado Judt vê o "socialismo como uma ideia do século XIX com uma história do século XX", por outro, pensa que "Se vamos ter Estados, e se eles vão contar para alguma coisa nos assuntos dos homens, então a herança socialdemocrata continua relevante"[4].

A substituição de operários e demais empregados por robôs e sistemas tirou o protagonismo dos trabalhadores, de quem se esperava a socialização dos meios de produção, assim como o decorrente desemprego estrutural reduziu o poder de consumo

---

4. Tony Judt, *Um Tratado sobre Nossos Actuais Descontentamentos*, pp. 2012, 2014.

de quem teve diminuída a demanda por seu trabalho, frustrando em um mesmo processo as diferentes expectativas tanto de Marx quanto de Keynes. Ao mesmo tempo, Estados nacionais foram perdendo espaço e poder para o mercado global e alguns deles reagiram com a retomada do nacionalismo e mesmo da xenofobia. Com isso tudo, questões como a exclusão social, a degradação ambiental e os conflitos globais e regionais constituem um mosaico de problemas sem perspectiva de resposta nem responsáveis claros. Dado o caráter mundial desses problemas, seu enfrentamento só seria efetivo com o fortalecimento em escala inédita dos mecanismos e organismos de consulta e cooperação internacional, o que parece estar fora do horizonte e resulta mesmo quase em conformismo de quem dá por consumadas as velhas utopias.

Um representante de tal atitude é Gilles Lipovetsky, ao afirmar que "a sociedade de mercado se impõe: para a disputa resta apenas o culto à concorrência econômica e democrática, a ambição técnica, os direitos do indivíduo. Eleva-se uma segunda modernidade, desregulamentadora e globalizada, sem contrários"[5]. E isso se dá, como diz seu comentarista Sebastién Charles, "em face das ameaças engendradas pelo desenvolvimento técnico-científico e pelo empobrecimento dos grandes projetos políticos"[6].

A exclusão estrutural e a transformação no mundo do trabalho não têm fronteiras territoriais nítidas. Independentemente das grandes disparidades regionais em termos econômicos e sociais, grandes cidades de qualquer país têm setores sociais integrados ao sistema global de produção e de serviços, ao lado de outros setores completamente excluídos e marginalizados. O intenso movimento migratório também faz parte dessa problemática, tornando

---

5. Gilles Lipovetsky & Sebastién Charles, *Os Tempos Hipermodernos*, p. 79.
6. Sebastién Charles, "Introdução", em Gilles Lipovetsky & Sebastién Charles, *Os Tempos Hipermodernos*, p. 64.

26 EDUCAR PARA O IMPONDERÁVEL

cosmopolitas todas as metrópoles, que passam a abrigar etnias, culturas e nacionalidades deslocadas de sua região de origem por razões econômicas ou políticas.

Assim, a incerteza sobre o cenário social no médio prazo é em parte também agravada por esses fluxos humanos e pelas reações locais que provocam, ao reeditar velhos nacionalismos xenofóbicos e novos protecionismos econômicos, com uma sucessão de crises não mais exclusivas de regiões mais pobres, onde a democracia esteja mais diretamente ameaçada. O mosaico de heranças e filiações culturais, nacionais e religiosas não colocam os agrupamentos humanos em perspectiva de comunhão, mas mais frequentemente em rota de colisão, assim como o crescimento da demanda de materiais e de energia ultrapassa a capacidade de recuperação do ambiente natural. Ambas essas contingências constituem enormes desafios à pacificação da existência e a um desenvolvimento humano conciliável com um equilíbrio da biosfera, de tal forma que a dificuldade para equacioná-las constitui o cenário para a empreitada que nos move: buscar princípios para convívio e educação à altura desses desafios.

Nesse cenário, à medida que avança o século XXI, é difícil até mesmo antever quais serão nas próximas décadas os protagonistas centrais da economia e da política ou como serão enfrentadas as questões de alcance global. As novas e velhas formas de marginalização econômico-social convivem com problemas herdados do século passado, alguns deles especialmente exacerbados, como êxodos econômicos e políticos, associações entre sectarismo e terrorismo, disseminação do consumo de drogas, exploração e manipulação da religiosidade, preconceito e segregação étnica, cultural e sexual, além do descaso diante de desastres ambientais.

No complexo ambiente mundial ou regional, proliferam movimentos e projetos conduzidos por entidades não governamentais que tentam responder a problemáticas específicas, mas que exceto por difusa vocação ética não revelam organicidade, ideário comum que as articule ou perspectiva clara para combater as causas dos problemas. Há projetos em todos os níveis, de alcance comunitário, local, nacional e internacional, conduzidos por entidades que se ocupam, por exemplo, dos limites ambientais das concentrações urbanas, da preservação de heranças culturais, do controle das redes de informação, das tensões associadas aos fluxos migratórios, das questões de etnia ou gênero, do combate à destruição ambiental, à extinção de espécies, à ameaça de conflitos nucleares, constituindo uma nova militância social e política em áreas de atuação amplas e difusas, situadas entre o Estado e o mercado, mas por vezes os transcendendo. No entanto, na falta de um programa articulador comum e precisando rever continuamente sua base de sustentação, também esses movimentos navegam na incerteza.

Esses movimentos, no entanto, mostram a sensibilidade correta ao enfrentar problemas. Pois, como diz Patrick Viveret em livro escrito em conjunto com Edgar Morin, "a humanidade tem [...] diferentes maneiras de acabar com sua própria aventura: a destruição de seu habitar ecológico [...] ou a autoaniquilação por armas de destruição em massa"[7].

A economia pós-industrial fundada na automação e na informatização tem há décadas modificado profundamente também o panorama político, tanto quanto o econômico. A reconfiguração da economia de mercado veio junto com repercussões de grande alcance: o desmonte do socialismo soviético e a fragmentação de seus Estados satélites; a emergência de um capitalismo de Estado na China com sua gigantesca inserção na produção mundial; as

---

7. Patrick Viveret & Edgar Morin, *Como Viver em Tempo de Crise*, p. 44.

28 EDUCAR PARA O IMPONDERÁVEL

oscilações políticas europeias e norte-americanas com repercussões mundiais; a conflagração de países árabes com o reacender de tensões e fundamentalismos religiosos; a depressão de economias exportadoras de *commodities*; a pauperização de povos africanos, à mercê de ditaduras herdeiras do domínio colonial e ainda às voltas com guerras tribais.

Essa complexa realidade impacta pessoas de todas as origens e culturas, tanto as marginalizadas pelas transformações, quanto as que ainda se integram ao sistema produtivo e dispõem de recursos para seu sustento e conforto. No âmbito dos valores humanos, do trabalho e da cultura, para cada indivíduo se emaranham seus pertencimentos local e global. A rede mundial de intercomunicação torna o mundo permanentemente interligado, como se a Terra, vista como um ser gigantesco navegando o cosmo, tivesse seu sistema nervoso agilizado, com cada uma de suas células se comunicando com todas as outras, mas sem organicidade harmônica, ou seja, resultando em gigantesca Babel, como se Gaia estivesse turbinada ou dopada.

Gaia, na mitologia grega, seria a divindade primordial Mãe-Terra do planeta e da vida, sucessora do Caos, o espírito da desordem que a antecedeu. A referência aqui é a de James Lovelock, controverso cientista que desenvolveu uma teoria biogeoquímica sobre a natureza de nosso planeta, comparando-o a um ser vivo, identificado com a entidade mitológica grega. Em sua metáfora, os seres humanos seriam o sistema nervoso de Gaia, por isso a ideia aqui aventada da rede mundial como agilização de seu sistema nervoso[8].

Entre os maiores impactos globais sobre as realidades produtivas locais estão a falta de perspectiva de acompanhar a moder-

---

8. James Lovelock, *Gaia: Um Novo Olhar sobre a Vida na Terra*.

nização produtiva, com o aprofundamento das desigualdades e as decorrentes marginalizações e migrações desordenadas. Também por isso, em todas as nações, mesmo nas mais desenvolvidas, emergem novos nacionalismos que acenam com pretensos isolamentos em ilusórias ilhas de estabilidade e que dificilmente cumprirão o que prometem. Como parte do mesmo processo, também recrudesce a xenofobia, ao se culpar imigrantes por problemas próprios.

As "viradas de século" muitas vezes foram momentos de renovação de esperanças, de boas expectativas como as que inauguraram o século XX com grandes efemérides em torno do progresso e do que traria de bom, mas frustradas, pois não se anteviam as guerras que se seguiram. Já na passagem para o século XXI, ninguém se sentia a salvo no cenário global de desconcerto econômico, social e cultural, o que em certa medida constituiu um novo realismo pois, a despeito de todo o progresso que se promove, ou precisamente por causa dele, como já foi dito, a sociedade pós-industrial, pós-moderna, do conhecimento ou da informação, em mais de um sentido pode ser pensada como uma sociedade da incerteza.

Vale a pena, por conta dessas considerações, comparar a diferença do que foi pensar o mundo, o futuro e a educação no passado e agora no século XXI ou, dizendo o mesmo de outra forma, tentar explicitar melhor que novos desafios são de fato diferentes de outros com que a humanidade já se defrontou. É o que será feito a seguir.

NOVOS DESAFIOS

Desde o final do século XX, as mudanças profundas nos produtos, nos serviços e especialmente no mundo do trabalho têm resultado na denominada sociedade pós-industrial, que apresenta

30 EDUCAR PARA O IMPONDERÁVEL

desafios inéditos para a humanidade. Com diferentes pressupostos e argumentações, vários pensadores têm se ocupado com dilemas atuais, considerando o impasse vivido como um novo paradigma. Alguns deles advertem que o novo século e milênio apresentam uma problemática existencial que demanda outros valores e conceitos, diferentes daqueles com que se chegou a este ponto da história, ou seja, de que se vive um processo inédito que, portanto, precisa ser enfrentado de maneira também inédita.

A primeira motivação para a produção deste livro, que é um convite a filosofar sobre o futuro do ser humano e da educação, veio de uma advertência de que se vive uma situação limítrofe não mais postergável, o que é especialmente preocupante quando se discute educação e tudo mais que dependa de perspectiva de futuro. Eric Hobsbawm concluiu há cerca de duas décadas um de seus livros com essa perturbadora advertência:

> Não sabemos para onde estamos indo. Só sabemos que a história nos trouxe até este ponto. […] Contudo, uma coisa é clara. Se a humanidade quer ter um futuro reconhecível, não pode ser pelo prolongamento do presente. Se tentarmos construir o terceiro milênio nessa base, vamos fracassar. E o preço do fracasso, ou seja, a alternativa para uma mudança da sociedade, é a escuridão[9].

Historiador contemporâneo e estudioso da economia, da política e até do *jazz*, ele dedica o capítulo dezoito do livro *A Era dos Extremos* ao enorme papel das ciências ao longo do século XX, mas não se tranquiliza com isso. Se sua intuição for correta, o futuro da humanidade preocupa, e o desafio que ele nos lança

---

9. Eric Hobsbawm, *A Era dos Extremos: O Breve Século XX (1914-1991)*, p. 562.

não é pequeno – e veja-se que ele não está se referindo à próxima década ou século, e sim ao próximo milênio[10].

Advertências como essas decorrem da percepção de risco iminente ou futuro, mesmo considerado o indiscutível progresso material e cultural conseguido no último século. Como será explicitado numa das sessões do próximo capítulo, não há precedentes em termos de disponibilidades materiais ao alcance de muitos, nem da rapidez com que se desenvolvem e se barateiam tais recursos, baseando-se em modernas tecnologias empregadas nas comunicações, na saúde, nos transportes e demais necessidades humanas. Por isso, é compreensível que haja pensadores que olham com entusiasmo a evolução relativa do bem-estar médio no mundo, apoiados mesmo em dados quantitativos.

Um exemplo de tal entusiasmo é o do psicólogo e linguista Steve Pinker, que, em um de seus últimos livros, mostra o quanto índices de desenvolvimento, de saúde a educação, de longevidade a democracia, estão hoje melhores do que em qualquer outra época. Em recente conferência ele atribuiu à natureza humana a capacidade de superar as inúmeras adversidades com que o ser humano se defrontou por ter "nascido em um universo impiedoso"[11]. Diferentemente da preocupação de Hobsbawm, o otimismo de Pinker se funda na confiança da ciência superando misticismos, e sua convicção é reforçada por indicadores sociais médios.

A diferença entre as perspectivas de Hobsbawm e Pinker poderia ser pensada como algo subjetivo de cada um, fruto de suas histórias e pressupostos, mas o que motiva o presente livro, mais que as diferenças entre as visões dos autores, é a atenção dada

---

10. *Idem.*

11. Steve Pinker, *Enlightment Now* [*Iluminismo Agora*] e Conferência TED "Is the World Getting Worse or Better? A Look at the Numbers" ["O Mundo Está Melhorando ou Piorando? Um Olhar Sobre os Números"].

32 EDUCAR PARA O IMPONDERÁVEL

por ambos à rapidez das transformações que torna imprevisível o futuro imediato, pondo em dúvida, entre outras coisas, o sentido de educar.

Para caracterizar melhor os desafios atuais para se viver, vale a pena compará-los com outras adversidades com que a vida em geral e a vida humana em particular têm se deparado, decorrentes de fatores ambientais e da própria intervenção humana. Há períodos em que se enfrentaram problemas associados a transformações globais, de caráter climático como as glaciações, de caráter político como as guerras de conquista ou de caráter econômico como as revoluções industriais.

Viver, aliás, é permanente desafio para cada espécime de qualquer espécie de vida. As próprias espécies, sob contingências do meio, podem ser extintas ou evoluir pela seleção da variedade genética de seus indivíduos. Humanos, em sua evolução, aprenderam a compartilhar habilidades e conhecimentos, desenvolver ferramentas e armamentos, eliminar inúmeras outras espécies e outros humanos. Há centenas de milhares de anos os desafios para viver já eram coletivos, inicialmente em hordas com dezenas de integrantes que, em busca de comida ou acossados por outras hordas, acabaram por se difundir, cruzando a África, onde surgiram, e alcançando vários continentes. Só depois da revolução cognitiva, há menos de cem mil anos, começaram a surgir grupamentos maiores, ainda nômades.

Com o surgimento da agricultura e a consequente fixação em territórios, iniciou-se a civilização, com impérios e religiões e, nos últimos dez mil anos, inaugurou-se a cultura e a história, o intercâmbio de conhecimentos, convicções e produtos, os impérios e suas guerras políticas, econômicas e religiosas. Os desafios para a vida em sociedade passaram desde então a transcender os limites comunitários, dando início a uma sequência de surgimentos, transformações, extinções e absorções de povos, culturas ou civilizações. A cultura atual tem heranças orientais, mesopotâmicas, babilônicas, egípcias e, nos últimos milênios, gregas e romanas, sendo que cada uma dessas surgiu e se encerrou por conta de alguma crise, deixando às sucessoras heranças produtivas, artísticas, bélicas e religiosas. E, para compreender os dilemas para a vida em sociedade desde o final do século passado até este século XXI, é preciso rever um processo que resultou no fim do período medieval, seguido das revoluções mercantis e industriais dos últimos cinco séculos.

Ao lado de religiões, como as animistas, judaico-cristãs, islâmicas, hinduístas e budistas, que tiveram e continuam tendo papel político no transcorrer dessa história, a economia desempenhou e continua a desempenhar protagonismo central. O incremento na produção medieval, contando com o aporte energético de rodas d'água e moinhos de vento, resultou no grande excedente produtivo que deu origem ao mercado de trocas, o burgo, cuja dinâmica desequilibrou e substituiu o poder feudal dando início ao período mercantil e à economia de mercado que até hoje preside o intercâmbio de bens e serviços.

O surgimento e o desenvolvimento da indústria nos séculos XVIII e XIX, associados à energética das máquinas térmicas e elétricas, produziram uma nova divisão social do trabalho, que levou à grande urbanização da população, anteriormente rural. Essa organização, com uma pirâmide social-produtiva que tinha em sua base uma massa de trabalhadores em funções braçais e repetitivas e no seu topo os responsáveis pela concepção e direção da produção, alcançou seu apogeu na segunda metade do século XX. As disparidades e tensões associadas à relação entre capital e trabalho resultaram na formulação das propostas socialistas no século XIX, e correspondentes revoluções sociais no século XX, especialmente no Leste europeu e na Ásia.

34 EDUCAR PARA O IMPONDERÁVEL

O século XX foi palco de duas guerras mundiais em disputas de hegemonia política e econômica e, depois, viveu as décadas da guerra fria entre modos de produção socialista e capitalista, com armas nucleares desenvolvidas nesse contexto ainda hoje constituindo ameaça global, mas boa parte dos desafios para viver estavam associados às tensões e às desigualdades sociais no interior daquela pirâmide produtiva. Especialmente com o desmonte do bloco soviético e com a instalação de um capitalismo de Estado na China, ou seja, com o fim da guerra fria, tudo levava a crer que o desafio para viver se centraria em administrar uma economia globalmente interligada, e o que se buscaria seria promover crescente justiça social e incorporar ao concerto mundial regiões economicamente atrasadas.

No entanto, os termos da questão foram alterados nas últimas décadas por nova revolução tecnológica de automação e informatização da produção e dos serviços, que modificou profundamente a pirâmide produtiva, substituindo o trabalho braçal por autômatos e parte do trabalho intelectual por sistemas digitais de processamento de informação, ou seja, a exploração do trabalho humano deu lugar a sua parcial exclusão. No apogeu da sociedade industrial, os trabalhadores eram parte expressiva do mercado de consumo, enquanto que na sociedade pós-industrial contingentes cada vez maiores são retirados da pirâmide produtiva, o que diminui sua participação no consumo. Mas, entre os ainda incorporados à vida econômica, é frequente o consumo como principal objetivo de vida, como lenitivo da incerteza, em que ofertas do presente substituem expectativas de futuro. Isto pensado como alívio do vazio existencial lembra o consumo de drogas, associado à miséria material e cultural, outra forma usual de alienação na vida contemporânea.

Gilles Lipovetsky e Sébastien Charles dedicam todo um livro à questão da compulsão pelo consumo associada a fuga em um mundo cujo futuro é caótico e incerto. Ele reforça a ideia de que o desafio deste século é fazer face ao imponderável: "a 'ausência de futuro' deve ser considerada [...] um processo de desencantamento [...] da própria consciência temporal moderna"[12].

A urbanização cresceu muito no século xx, por conta de um processo de dois séculos de êxodo rural associado à industrialização, assim como por dezenas de milhões de exilados econômicos e políticos que nas últimas décadas já são mais do que os desterrados pela Segunda Guerra Mundial. Em algumas das regiões de onde emigram, a miséria resulta em terreno fértil para o sectarismo fundamentalista, cujo principal recurso é o terror e seu apelo se estende a parte da juventude migrante marginalizada, mais um elemento de insegurança e mais um pretexto à xenofobia. Especialmente no hemisfério sul, em lugar da radicalização sectária, a marginalização econômica urbana desassistida abre espaço para a criminalidade organizada reconhecidamente incontida por mera repressão.

O ineditismo deste século é sintetizado por Michel Serres em livro que mostra como em poucas décadas o mundo se transformou tão vertiginosamente a ponto das incertezas econômicas impactarem de forma inédita e profunda a vida de cada um: "A crise de hoje pôs em explosivo curto-circuito a cifra das moedas voláteis manipuladas por alguns especialistas e a realidade global das coisas concretas"[13].

O que pode ser enfatizado ao se encerrar este tópico é o caráter inédito da crise hoje vivida, resultante de transformações em ritmo vertiginoso e que situa o ser humano em um cenário desprovido de enredo a ser seguido. A seguir, busca-se apresentar um

---

12. Gilles Lipovetsky & Sébastien Charles, *Os Tempos Hipermodernos*, p. 67.
13. Michel Serres, *Tempo de Crise*, p. 8.

36 EDUCAR PARA O IMPONDERÁVEL

desafio decorrente dessa crise, o da condução de atividades como a de educar, que dependeriam de perspectivas hoje inexistentes.

EDUCAR SEM PERSPECTIVAS

Planejar e educar são práticas sociais determinadas pelo contexto social e cultural. Em cada sociedade e circunstância planejar envolve, entre outras coisas, preparar para a vida e o trabalho diferentes estamentos sociais, partilhar valores e cultura, com diferentes objetivos e métodos. Usualmente, educa-se para uma certa situação que se vive ou que se tem expectativa de viver. É estranho fazer isso para um futuro realmente imprevisível. Educar é tão próprio do ser humano que este poderia ser descrito como o ser que se educa, ou aquele que se educa por mais tempo que qualquer outra espécie.

Alexander Mitscherlich abre um de seus livros afirmando que "O ser humano vem ao mundo despreparado e não cultivado. Ele é uma 'criatura de ninho' no sentido mais extremo, pois nasce em condição muito longe do amadurecimento necessário"[14]. Ou, seja, por mais tempo do que qualquer outro animal, o ser humano precisa ser educado, preparado para a vida. Por isso é preciso compreender a educação como condição de espécie, além de ser uma escolha de cada sociedade.

Isto é verdade antes mesmo do surgimento da civilização e da cultura, bem antes de qualquer instituição que pudesse ser chamada de escola, quando aprender a caçar, pescar, colher frutos, lutar, ou produzir vestimentas, ferramentas e armas era tão natural da espécie quanto aprender a falar. Certamente, os jovens aprendiam muitas coisas com os mais velhos antes mesmo da revolução cog-

---

14. Alexander Mitscherlich, *Auf dem Weg zur vaterlosen Gesellschaft* ["A Caminho da Sociedade Sem Pai"].

nitiva, ou seja, antes do surgimento da linguagem simbólica como a que hoje se conhece, linguagem que fez dos humanos seres de cultura e que talvez tenha emergido junto com a antecipação de eventos e a preparação para enfrentá-los.

Também na Antiguidade e até a Idade Média, quando os jovens viviam em um mundo muito semelhante ao dos seus mestres e familiares, toda formação correspondia a obter qualificações bem reconhecidas e consolidadas, só variando de acordo com o estamento social e, portanto, com a perspectiva profissional de cada um. Por todo um longo período do mundo civilizado, somente uma parcela reduzida da população, como a dos governantes, sacerdotes e escribas, tinha acesso a alguma educação formal, pois a maioria era educada apenas na condição de aprendiz, ou seja, já trabalhando sob orientação de um profissional, seu mestre.

Fernández Enguita afirma que nessas sociedades estáveis

[...] cada geração deverá incorporar-se a um mundo que é essencialmente o mesmo ao que a geração anterior se incorporou e já domina. Tal estabilidade propicia uma visão de mundo como algo estático ou talvez [...] cíclico, sem nada que possa lembrar a ideia de progresso tão associada à escola na cultura da modernidade[15].

Na sociedade atual, somente uma formação de algum tipo de religioso, ou talvez nem essa, eventualmente envolveria educar com tal perspectiva.

De forma distinta, na sociedade industrial a escola passou a praticar educação em massa, tendo ela mesma adotado modelo e escala industriais. Essa formação em série para o trabalho servia a um mundo que já apresentava grande dinamismo, mas com evolução relativamente previsível entre uma geração e a próxima. Essa

15. Mariano Fernández Enguita, *Educar en Tiempos Inciertos*, p. 16.

38 EDUCAR PARA O IMPONDERÁVEL

escola não tinha a finalidade de promover igualmente a todos, e sim a de selecionar e classificar, de forma a reproduzir qualificações para cada degrau da pirâmide produtiva. Na base dessa pirâmide estavam, no campo, o trabalhador rural, cujo domínio de leitura não era sequer demandado, e, na cidade, o operário industrial, de quem se esperava letramento rudimentar. Esses eram seguidos, no próximo degrau da pirâmide, pelos encarregados e capatazes, de quem se demandava capacidade elementar de escrita. Já no degrau seguinte estavam os chefes ou coordenadores capazes de elaborar um relatório, e assim por diante, até os últimos degraus daqueles que organizavam e concebiam a produção e os produtos.

Grande parte das escolas de hoje continua semelhante às da sociedade industrial, são anacrônicas para a vida contemporânea, persistindo em produzir uma pirâmide educativa para selecionar e excluir, mas sem contrapartida na pirâmide produtiva profundamente transformada por mecanização, automação e informatização. Assim, o projeto escolar de formação em série para o trabalho de produção em série se tornou obsoleto, o que é geralmente reconhecido ainda que não se tenha encontrado um novo projeto, até porque muitas das sociedades que abrigam as escolas também não encontraram papéis produtivos para a parte das suas populações que passam à condição de exclusão social.

Reforçando a perda de sentido da pirâmide de competências ainda hoje provida na escola, como era demandada pela sociedade industrial, mas não mais correspondente a oportunidades de trabalho na sociedade pós-industrial, ou seja, sobre o descompasso entre educação e vida pessoal, Fernández Enguita fala do "desmoronamento da crença na associação entre educação e emprego e na confiança na sintonia entre os valores escolares e os valores sociais"[16].

16. *Idem*, p. 11.

A percepção desse descompasso é uma das razões para o presente livro. A escola que prepare para a vida numa sociedade aberta, plural e em permanente e imprevisível transformação como a atual, deve ser completamente diferente daquela da sociedade medieval, com valores estáveis e perspectivas profissionais bem definidas, mas também deve ser bem diferente da escola da sociedade industrial de evolução previsível. Para fazer face ao imponderável em diferentes domínios da vida, da economia à política, dos conflitos sociais aos desequilíbrios ambientais, dos desencontros humanos aos desastres naturais, a escola precisa fazer mais do que revelar o já sabido. Precisa apresentar o mundo com todas as suas potencialidades, mas também suas questões sem respostas. Com isso, os partícipes desse processo educativo estariam se preparando para encontrar ou criar novas funções e para repensar sua realidade.

No entanto, para alguém ser capaz, a partir de suas circunstâncias, de se situar como partícipe em uma aventura aberta ou imprevisível, antes precisa ser convidado a repensar o mundo conhecendo seu passado, não bastando estar equipado para lidar com o que se apresenta em seu contexto, mas também se apropriando de uma cultura que o qualifique para perceber criticamente o que se está vivendo em outras partes e o que se viveu em outros tempos. Noutras palavras, para mudar um trajeto é preciso saber o percurso que trouxe às circunstâncias de que é parte e, ao mesmo tempo, ter ideia do que pretende e de que rumo tomar. Mas em uma sociedade em frenética transformação, faltam à escola as condições para promover tal cultura.

A cultura humanística, literária, artística, técnica e científica a ser desenvolvida na escola seria essencial em uma educação com o propósito de equipar os estudantes para repensar a vida em sociedade. Apresentá-la é por si só uma difícil tarefa, pois precisaria ser conduzida de forma estimulante, como oportunidade

40 EDUCAR PARA O IMPONDERÁVEL

de fruição e igualmente como desafio para criação e proposição, não como mera obrigação formal. E isso só seria possível se cada um, estudante ou professor, fosse recebido e reconhecido como ser singular, capaz de escolhas, de iniciativa e autoria, não como correia de transmissão de um processo industrial. E isso deveria valer desde as etapas iniciais da escola, em que o acolhimento social e afetivo da criança deveria considerá-la em sua individualidade, em lugar de integrá-la como simplesmente mais uma a ser treinada em um coletivo impessoal, o que tem sido a regra. O sentido de pertencimento desenvolvido por tal acolhida seria essencial para desenvolver a responsabilidade com o interesse e bem-estar comum e, nessa medida, com o ambiente escolar, social e natural.

Uma educação para a mudança não é coisa simples. O antropólogo Lluís Duch lembra:

[...] a aprendizagem para a mudança, que teria de constituir um dos objetivos pedagógicos mais urgentes [...] só alcançará suficiente efetividade [...] a partir de certa estabilidade cultural, social e emocional, porque somente assim se está em condição de ir descobrindo [...] o sentido da própria existência[17].

Ou seja, para promover a mudança seria preciso um domínio da cultura, mas sua obtenção demanda uma estabilidade de que não se dispõe. E ele reforça a ideia de associação entre a acolhida e a formação da responsabilidade, afirmando:

[...] ante a nova situação, a práxis pedagógica deverá buscar alternativas realmente humanizadoras, porque o exercício de responsabilidades públicas continuará sendo um fator determinante no convívio como estrutura de acolhida[18].

17. Lluís Duch, *La Educación y la Crisis de la Modernidad*, p. 40.
18. *Idem*, p. 34.

À medida que avançasse a educação básica, com o mundo já apresentado também como problema, no plano político, social, ambiental e até mesmo filosófico, o conhecimento científico, ao lado das linguagens, das humanidades e das artes, poderia ser permanente convite à dúvida e à invenção, à investigação e a conjecturas. Os âmbitos de questionamento e de proposição se ampliariam juntamente com a crescente maturidade dos estudantes.

Não somente as perspectivas de futuro devem ser vistas como questões abertas, que de fato são, pois tampouco o passado deve constituir certeza e sim oportunidade para questionamento e debate, para interpretações provisórias e contraditórias. Assim, cada estudante poderia cogitar como teriam surgido e evoluído as etnias, as relações familiares, as artes, as religiões, a agricultura, a indústria, as nações, as ciências, apreciando a aventura humana desde o surgimento e desenvolvimento de nossa espécie na biosfera, até alcançar sua atual capacidade de intervenção construtiva e destrutiva.

Para convocar tal atitude questionadora, não se deveria apresentar o conhecimento como "coisa dos outros", ou seja, a ciência dos cientistas, a história dos historiadores, a geografia dos geógrafos, a literatura dos autores, a matemática dos matemáticos, a arte dos artistas. A compreensão prática da ciência e tecnologia de que se faz uso nos recursos de comunicação, nos veículos, nos exames médicos, não pode ser apartada do domínio conceitual desses recursos. Da mesma forma, saber questionar e investigar a origem e o percurso migratório dos antepassados de cada um, em associação com os eventos sociais e econômicos, como crises, epidemias e guerras, pode estar no contexto de uma investigação coletiva da história do bairro ou município em que está a escola, convidando à produção de textos coletivos sobre essas pesquisas, de forma que a história e a geografia não se resumam a saberes alheios.

42 EDUCAR PARA O IMPONDERÁVEL

Com esta abordagem formativa, quem souber situar no tempo e no espaço sua própria região e cultura em relação às demais regiões e culturas, reconhecendo circunstâncias que deram lugar a diferentes costumes, crenças e migrações, poderá compreender e apreciar diferenças em lugar de hostilizá-las e mais do que simplesmente tolerá-las. Isso contribuiria para desenvolver atitudes mais sábias diante da diversidade de convicções, ao invés de cultivar preconceitos e segregações, aprendendo a relacionar historicamente as relações entre fé e poder político ou econômico, permitindo melhor compreensão das razões que levaram às diferentes convicções atuais, com seus grupamentos sectários, suas disputas e tensões.

E para apreciar melhor o imponderável de nossa condição atual seria essencial acompanhar o percurso pelo qual o ser humano chegou até o presente, relacionando a história das pessoas de hoje à dos humanos de outras épocas e outras eras, à evolução de toda a biosfera, apreciando o romance da própria vida como parte do romance da espécie. É preciso admitir, no entanto, que todas essas desejáveis intenções são dificilmente realizáveis quando a sociedade que abriga a escola está ela mesma à deriva. É a questão que deverá ser objeto do terceiro capítulo, sobre como conceber uma educação que emancipe para a busca de rumos numa sociedade carente de rumos.

Nesse sentido, conforme Fernández Enguita, "em sociedades que mudam de maneira errática ou simplesmente imprevisível, a escola se vê imersa em um desconcerto que se encaminha facilmente a uma crise que envolve tanto a insustentabilidade da dinâmica prévia quanto a emergência de novas oportunidades"[19]. Sendo imprevisíveis e aceleradas as mudanças por que passa a

---

19. Mariano Fernández Enguita, *Educar en Tiempos Inciertos*, p. 14.

sociedade atual, está dado o desafio de se conceber uma escola para ela.

Uma educação que preparasse para fazer face ao imponderável precisaria partir de uma compreensão da aventura humana, de que momento se vive dessa aventura e da promoção de um encantamento com ela, o que depende de enfrentar dois grandes desafios. O primeiro é promover uma apreciação dessa aventura, integrando a cultura humanística e científica, usualmente apreciada na escola em seus fragmentos. Isso é o que se tentará no segundo capítulo deste livro, em um vertiginoso mergulho na aventura histórica e cósmica da vida humana. O segundo desafio é conceber uma educação que estimule dúvidas e convide à proposição do novo, à autoria, desindustrializando a velha difusão de certezas e o adestramento mecânico, o que será objeto de capítulo posterior e conclusivo.

Diferentes princípios devem ser objeto de discussão na formação dos jovens, pois para aprender a viver com a incerteza é preciso desconfiar das certezas e desenvolver o gosto pelo debate, condições essenciais para a liberdade. Nesse sentido, vale lembrar dois sentidos do conceito de liberdade: um que depende do conhecimento, para escolher caminhos sem correr riscos; outro que depende da ousadia de correr riscos para descobrir caminhos. São aparentemente contraditórios, mas um decorre do outro. A seção seguinte, que encerra este primeiro capítulo, é voltada à discussão desses princípios, à busca de uma ética para a educação pretendida.

RAZÕES PARA OUTRA ÉTICA

A ideia de que qualquer educação pressupõe uma ética, uma vez que se educa com algum propósito social, fica ainda mais clara quando se percebe que toda ética implica alguma intencionalida-

44 EDUCAR PARA O IMPONDERÁVEL

de, mais do que princípio ou regra de comportamento. O conceito de ética, desde suas milenares primeiras formulações, sempre correspondeu à expressão de propósitos para uma vida em sociedade, tendo em vista finalidades existenciais e associadas a interesses coletivos, ou seja, à política.

O próprio Aristóteles já estabeleceu que "embora sendo idênticos o bem do indivíduo e o bem da cidade [...] é mais belo e divino quando referente a povos e cidades"[20]. A isto, portanto, visa a presente investigação, que é de natureza política. Esta afirmação explicita a dimensão de intenção e protagonismo, que é essencial à ética e a distingue da moral, que mais usualmente corresponde a normas de conduta estabelecidas ou consagradas.

Certamente os conceitos de ética e moral estão associados, não somente pela proximidade entre o termo grego *ethos* e o romano *mores*, mas também porque uma ética envolve a conceituação de alguma moral ou a consideração de distintas morais. Talvez uma maneira de as distinguir, que aqui se adotará para estabelecer o sentido de cada termo, seja considerar a moral como relacionada aos costumes e regras do meio social, portanto heterônoma, externa a cada indivíduo, enquanto a ética corresponde a uma tomada de posição consciente de cada um perante os desígnios do mundo e, nesta medida, autônoma.

Zygmunt Bauman caracteriza a relação entre moral e ética: "quando conceitos, padrões e regras entram no palco, o impulso moral faz sua saída; o raciocínio ético toma seu lugar, mas a ética é feita à semelhança da Lei, não do impulso moral"[21] e prossegue lembrando autores que situam a ética como a "moral dos sábios", distante dos instintos.

---

20. Aristóteles, "Ética a Nicômano", livro I, em *A Ética: Textos Selecionados*.
21. Zygmunt Bauman, *Ética Pós-Moderna*, p. 73.

O IMPONDERÁVEL 45

Valores associados ao plano social e cultural, como justiça, equidade e respeito à diversidade, ou associados ao plano ambiental, como utilização responsável de recursos naturais e preservação de espécies, são ideias que fundamentariam uma ética como resposta ativa a problemáticas atuais, relacionadas à condição global crítica que envolve a todos. No entanto, seria ilusório pretender que um convívio responsável e solidário se instaure simplesmente por ser razoável. É claro que seria desejável uma perspectiva de comunhão, em oposição às disputas por recursos, territórios e poder, mas um mosaico de filiações culturais, religiosas ou nacionais colocam grupamentos humanos mais frequentemente em rota de colisão.

Da mesma forma, o chamamento global à responsabilidade por controle e recuperação de recursos materiais e energéticos tem se revelado de pouca eficácia, pois de fato esses recursos são fontes de conflito entre interesses econômicos e estratégicos. Uma pacificação da existência humana e sua conciliação com um equilíbrio da biosfera exigiriam mais do que elaborar princípios de convívio, revisitando séculos de pensamento filosófico, social e político, pois demandariam articular interesses locais em escala global. Além disso, seria preciso repensar a relação dos Estados nacionais entre si e com o mercado global, rever a relação entre controle social e liberdade individual ou entre o público e o privado, conceber formas de limitar a intervenção sobre o meio natural para possibilitar sua recuperação de forma estável. Como fazer isso talvez seja questão a ser encaminhada por quem está na escola hoje, ou mesmo por quem ainda não chegou a ela.

Há iniciativas justas em torno de cada uma dessas dimensões, mas geralmente desarticuladas entre si. Como os problemas têm se agravado mais rapidamente que as propostas de solução, parece indiscutível que por algumas décadas o mundo ainda estará à

46 EDUCAR PARA O IMPONDERÁVEL

espera de alternativas. Ainda que haja questões essencialmente novas, parte delas encontram correspondência em quase todos os períodos da história humana e já foram discutidas ao longo de milênios. Acontece que, como hoje se vive uma circunstância muito singular em que todas aquelas dimensões estão em crise, torna-se urgente um correspondente repensar da ética, especialmente para atividades que envolvem futuro, como educar. Portanto, não basta apreciar o que já foi expresso ou formulado no passado sem considerar que uma mesma questão ganha novos contornos quando apresentada em diferentes contextos.

Essa ideia da validade ou mesmo atualidade de certos conceitos éticos, a serem ambientados em novos contextos, é reforçada por Bauman:

> Os grandes temas da ética – como direitos humanos, justiça social, equilíbrio entre cooperação pacífica e autoafirmação pessoal, sincronização da conduta individual e do bem-estar coletivo – não perderam nada de sua atualidade. Apenas precisam ser vistos e tratados de maneira nova[22].

Enfim, há teorizações já elaboradas por pensadores do passado ou mesmo contemporâneos, mas desatualizadas para quem se depara com elas no século XXI. E o repensar da educação em um momento de grande perplexidade recomenda que se procure fazer isso considerando a incerteza associada à vertiginosa rapidez das transformações hoje vividas. O posicionamento autônomo, com uma ética atualizada, precisaria ser situado em relação à eterna busca do bem viver e do sentido para a vida.

Essa não foi uma questão para os ancestrais dos humanos, cuja sobrevivência e satisfação instintiva dependia principalmen-

---

22. Zygmunt Bauman, "Introdução", em *Ética Pós-Moderna*.

te de sua relação com o que o meio natural oferecia. Mais tarde, quando o ser humano passou a ritualizar saberes, entidades abstratas como divindades míticas deram sentido à vida e à natureza, mas foi somente com a civilização, com os impérios e as religiões, que se instauraram os códigos de conduta moral, o regramento heterônomo da vida, relativamente ao qual cada indivíduo pode estabelecer seu posicionamento autônomo e consciente, portanto ético. Sendo tão antigo esse entendimento da ética, que permite tomar com naturalidade a proposição aristotélica de mais de dois milênios, é preciso esclarecer o objetivo dessa seção, ou a necessidade de outra ética. Os grandes temas da ética têm a ver com a vida em sociedade e são, portanto, políticos. E são éticos os grandes problemas mundiais precisamente porque se vive um momento na história humana que envolve de forma crítica e inédita questões econômicas e ambientais, portanto políticas, demandando tomada de posição consciente.

Nelson Levy situa a questão da ética como condição existencial:

> Se de fato a vida humana carece de um sentido prévio, então estamos liberados para imaginar uma finalidade qualquer, para elegê-la como critério do bem e objeto de desejo e, em seguida, adotá-la como fundamento do nosso ser e do nosso existir concreto. Tudo transcorre assim, na vida e na história, sob o estímulo dessa luta incessante do sujeito para criar um sentido e realizá-lo no mundo humano[23].

Por certo, hoje há questões éticas completamente inéditas, porque resultantes de capacidades técnico-científicas nunca antes disponíveis, o que pode implicar a necessidade de limite éticos a certas potencialidades científicas, como o desenvolvimento de armas de destruição em massa, que podem ser químicas, biológicas

---

23. Nelson Levy "Apresentação", em *Ética e História*.

48 EDUCAR PARA O IMPONDERÁVEL

ou nucleares. Há décadas se discute a necessidade de eventuais limites éticos a diferentes rumos de investigação científico-tecnológica e suas aplicações, como predeterminar com manipulação genética características de alguém que ainda vai nascer, possibilidade questionada por Jürgen Habermas: "A escolha irreversível que uma pessoa faz da constituição do genoma de outra pessoa inicia um relacionamento entre as duas que ameaça a precondição de autocompreensão moral de atores autônomos". Essa questão ética associada a novas potencialidades científico-tecnológicas poderia também inspirar, por extensão, investigações sobre a manipulação de consciências em redes digitais de comunicação[24].

No entanto, essas importantes questões são aspectos parciais da relação entre projeto e incerteza diante do imponderável cada vez mais vizinhos, na falta de critérios para conduzir aquilo que exija perspectiva de futuro, como projetar vida familiar e profissional − quando não se sabe que profissões persistirão − educar crianças e jovens ou empreender organizações sociais e políticas. A questão é como conduzir essas atividades envolvendo prazos mais longos, quando se sabe serem efêmeras as práticas para as quais se projeta ou educa, sem fazer ideia sequer do que serão o trabalho, as nações e suas relações políticas no futuro próximo.

Sobre às nações e a suas relações políticas, não é aspecto menor da problemática contemporânea o recrudescer de autoritarismos, muitas vezes associados a populismos nacionalistas em parte decorrentes do desencanto pela democracia liberal. E, pelo fato de governos autoritários não revelarem apreço pelas questões ambientais e sociais e encararem suas contradições nacionais ou externas sob perspectiva armamentista e belicista, suas nações fragilizam ainda mais os mecanismos internacionais de consulta

---

24. Jürgen Habermas, *The Future of Human Nature*, p. 63.

e negociação. Para que nossa espécie adote um projeto de jornada envolvendo responsabilidade de todos com todos, cuidado com recursos naturais e disposição para absorver dissensos, as preocupações precisam se concentrar também no plano da política. E é por não saber como superar os desafios ambientais, sociais e políticos, que se vive hoje em uma sociedade da incerteza com futuro imponderável.

O próximo capítulo, uma jornada pelo percurso histórico e pelos primórdios planetários e cósmicos da vida, e o último, sua crítica recapitulação, buscam vislumbrar como se chegou à presente e singular condição e quais questões hoje se colocam. A ambição é encontrar elementos para uma educação capaz de produzir um envolvimento com essa jornada como primeira condição para a promoção de uma nova ética e, em decorrência, de novas práticas. E como se pretende mostrar na conclusão, a educação capaz de promover o gosto de fazer parte da aventura humana e o envolvimento ético com a vida em sociedade só se efetivará se for um processo desafiador e envolvente, pautado pela mesma ética que se pretende promover.

A cultura humanística e científica será essencial para o descortinar da jornada histórica e cósmica a seguir. Compactá-la na contramão do tempo nas páginas de um capítulo, e apresentá-la como "aventura", propiciará a proposição de uma ética para a educação básica. Parte-se do presente para facilitar a percepção de cada um como parte da história, e mergulha-se no percurso natural evolutivo, para sua identificação como ser de uma espécie entre outras, no concerto da biosfera que integra cenário ainda mais amplo, brevemente revisitado.

2

A Aventura

Uma observação necessária à leitura deste capítulo é que ele reflete a cultura específica de quem o apresenta, sua experiência existencial e sua localização no mundo, e ainda que pudesse partir de inquietação semelhante, seria possivelmente bem diferente se fosse escrito na China, na Austrália ou na África. Igualmente, a escolha de períodos ou eventos da história e da evolução natural selecionados para ilustrar a aventura cósmica e humana poderia ser feita de incontáveis outras maneiras. E muito do que se dirá depende da etapa do conhecimento científico atual, no qual se baseia, parte do qual não estaria disponível há algumas décadas.

Por isso, com a consciência de ser tão particular a perspectiva apresentada, recomenda-se a quem lê que a contraponha com sua própria, enriquecendo, modificando ou contestando a apreciação da aventura, tomando-a como oportunidade de diálogo, ou uma conjectura conjunta com os leitores, questionando a desmesurada pretensão de sintetizar mais de treze bilhões de anos em algumas páginas.

Denominar como aventura a essa narrativa merece breve comentário sobre a etimologia e o significado desse termo. Em

52 EDUCAR PARA O IMPONDERÁVEL

seu livro com tal título, *A Aventura,* Giorgio Agamben mostra as acepções contraditórias da palavra, ora significando destino – o que tinha de acontecer –, ora como acaso – o que advém como surpresa –, mas também como narrativa:

> Da aventura, porém, nos interessa aqui também um outro aspecto. Na medida em que exprime a unidade entre evento e narrativa, coisa e palavra, ela não pode ter, para além do seu valor poetológico, um significado propriamente ontológico[1].

Reforça esse sentido de narrativa a citação, por Agamben, de um texto de Jacob Grimm de 1842: "[...] ao lado do significado de evento e acontecimento, aventura ganhou o de narrativa, descrição, assim como 'história' designa não apenas o que aconteceu, mas também a narrativa disso"[2].

É tal entendimento de aventura que dá o sentido para a jornada deste capítulo, que procurará acompanhar e resumir eventos do passado recente, da história humana e da evolução biológica e cósmica, uma narrativa em busca de elementos que constituam cenário e inspiração para se cogitar uma ética que oriente uma educação para um futuro imponderável.

Transformações com repercussões sobre toda a vida humana, como o domínio do fogo e da agricultura, levaram milênios no começo da civilização; já as revoluções econômicas, mercantis e industriais, levaram séculos ao longo da modernidade; agora, na sociedade contemporânea, já ocorrem em décadas ou mesmo em anos mudanças econômicas, sociais e culturais de alcance global, em uma aparente "aceleração do tempo histórico". Não se contestando a uniformidade do fluir do tempo físico, esta é uma simples

---

1. Giorgio Agamben, *A Aventura,* p. 28.
2. Jacob Grimm, "Frau Aventure", *apud* Giorgio Agamben, *A Aventura,* p. 28.

metáfora, no sentido da crescente rapidez das transformações sociais e no ritmo de eventos da vida em sociedade. Esse acelerar se deveu à evolução das técnicas, desde a pré-história, e à ciência e à tecnologia nos últimos séculos, que potenciaram mudanças econômicas e sociais em escala global, alcançando ritmo vertiginoso na sociedade pós-industrial com a escalada de diversificação de bens, serviços e formas de produção.

Também por essa "aceleração", há maior riqueza de eventos no passado recente, mais registros do último século que do milênio anterior, e muito mais deste do que dos dez mil anos que o antecederam e assim por diante. Vale o mesmo para os intervalos de tempo anteriores à civilização, à vida humana ou à própria vida, há vários bilhões de anos. Assim, ao se pretender uma visão de conjunto que percorra os últimos anos, que cruze o passado histórico e pré-histórico, e que chegue aos primórdios da vida e do universo, as próximas três seções deste capítulo percorrerão intervalos de duração extremamente diferentes em uma escala de tempo não linear, na contramão do tempo, do presente ao passado.

A seção "História e Civilizações", mostrará as vertiginosas transformações culturais e sociais do presente, as reconfigurações do mundo político com duas grandes guerras, e do mundo econômico com a enorme evolução tecnológica. Tratando da história e das civilizações, percorrerá inicialmente alguns séculos e em seguida dez milênios. Começando com as ciências experimentais mudando a visão de mundo e contribuindo para as revoluções industriais, passa-se à revolução mercantil, resultado do crescimento da produtividade no período medieval, que sucede a Antiguidade greco-romana e, por fim, a sucessão dos primeiros impérios e primeiras civilizações, com suas técnicas, artes e religiões.

Já a seção "Antecedentes e Ancestrais", ocupa-se de um percurso de algumas centenas de milhares e de outros de milhões de

54 EDUCAR PARA O IMPONDERÁVEL

anos. Começando com o *Homo sapiens*, seu surgimento e sua revolução cognitiva, prossegue retornando à origem e desenvolvimento do gênero *Homo* e de suas espécies ancestrais e contemporâneas do *sapiens* como o *Homo neanderthalensis*, com suas migrações, armas, ferramentas, rituais, assim como sua extinção, e conclui com os hominídeos e primatas que antecederam o gênero *Homo*.

Por fim, "Evolução da Vida e do Universo", vai de um bilhão a mais de dez bilhões de anos atrás, chegando ao Big Bang, o imaginado "começo de tudo", inclusive do tempo e do espaço. Se inicia com a evolução da vida em que primatas e mamíferos sucedem pássaros e sauros, répteis e anfíbios, todos egressos da vida surgida nos oceanos, paralelamente à evolução geológica com a separação dos continentes. Em seguida, prossegue com a formação da Terra, do Sistema Solar e das galáxias, e finaliza no mundo das altas energias, com a formação dos átomos, núcleos e partículas, nos primeiros instantes do universo conhecido. Isso sintetiza a intenção poético-filosófica de apresentar a aventura histórica e cósmica da qual o mundo humano faz parte e na qual chegou à condição atual, em mais de treze bilhões de anos compactados em três grandes intervalos da viagem descortinada pelas ciências humanas e naturais, como no diagrama apresentado.

A aventura histórica e cósmica é disposta no quadro anexo, um percurso de mais de treze bilhões de anos, compactando em onze intervalos o cenário descortinado pela cultura humanista e científica. Para orientar o percurso, a história, a sociologia e a antropologia acompanham o desenvolvimento de nossa sociedade e espécie; a biologia e a geologia analisam a evolução da vida e da Terra; a cosmologia e a física de altas energias levam da formação de estrelas e galáxias até a hipótese de um Big Bang "sem passado" que se imagine, pois com ele teriam surgido o espaço e o tempo. Com uma escala que dá à última década o mesmo espaço que

PERCURSO DO PRESENTE AO PASSADO

História e Civilizações	últimos dez anos	desemprego estrutural / redes sociais / neopopulismo
	últimos cem anos	globalização econômica / terrorismo / telecomunicações
	últimos mil anos	revoluções industriais / ciência experimental / Renascimento
	últimos dez mil anos	Idade Média / Antiguidade / religiões / civilizações
	últimos cem mil anos	Terra ocupada pelo *Homo sapiens* / revolução cognitiva
Antecedentes e Ancestrais	último milhão de anos	surgimento do *Homo sapiens* / *Homo neanderthalensis*
	últimos dez milhões de anos	ferramentas de pedra / surgimento do gênero *Homo*
	últimos cem milhões de anos	Hominídeos / primatas / mamíferos / formação dos continentes
	último bilhão de anos	pássaros / répteis / invertebrados / abertura do Atlântico / plantas
Evolução da Vida e do Universo	últimos dez bilhões de anos	Pangeia (continente único) / vida no oceano / Terra e Sistema Solar
	últimos 13,8 bilhões de anos	estrelas / elementos / partículas / espaço-tempo (Big Bang)

ao último século, dá a este século o espaço equivalente ao último milênio, e assim por diante com cada intervalo equivalente a dez vezes o que lhe antecede, parte-se da aventura histórica em direção à aventura cósmica.

As próximas sessões percorrerão esses intervalos, procurando mostrar em cada um deles eventos principais, evoluções e crises. Assim, a primeira, "História e Civilizações", terá referências históricas e sociológicas, enquanto as duas últimas, "Antecedentes e Ancestrais" e "Evolução da Vida e do Universo", terão referências antropológicas, geológicas e cosmológicas. É bom lembrar que o ordenamento em direção ao passado demanda atenção para o fato de que cada seção depende da que a sucede, não vice-versa como é usual.

HISTÓRIA E CIVILIZAÇÕES

Presente

A atual condição humana pode ser percebida como uma vertigem, uma rápida aproximação ao que parece ser um limiar crítico, uma singularidade. São vertiginosas as modificações econômicas e sociais pelas novas potencialidades de produção, informação e comunicação, associadas a automação e informatização, com profundas repercussões políticas e culturais. E essas rápidas transformações coexistem com conflitos étnicos, nacionais e religiosos que, hoje, chegam como ondas de choque de um passado inconcluso.

Os semicondutores e *lasers*, entre outros resultados da revolução científico-tecnológica desenvolvida na segunda metade do século xx, além de agilizar as formas de produção, transformaram produtos e serviços em praticamente todos os setores de atividade, da telefonia à medicina, dos transportes ao comércio, tendo a internet como um novo sistema nervoso mundial, disponibilizando para bilhões de pessoas equipamentos que há algumas décadas não foram previstos sequer pela ficção.

A economia e a sociedade como um todo foram envolvidas na vertigem que impacta cada pessoa em seu entorno imediato e a articula, consciente ou não, no turbilhão global de transformações. Em menos de duas décadas tornaram-se obsoletos mapas, enciclopédias e dicionários impressos, desenvolvidos ao longo de cinco séculos de imprensa, pois todas as suas informações passaram a ser imediatamente disponibilizadas em sistemas acessíveis a bilhões de pessoas em computadores portáteis ou telefones celulares. Com um desses aparelhos, centenas de milhões de motoristas são guiados em seus percursos por um sistema de posicionamento global baseado em satélites estacionários, assim como um viajante perdido numa viela de cidade ou país em que nunca esteve antes pode ser orientado, na língua que preferir, sobre que trajetos escolher para chegar onde deseja. E, como com tais aparelhos também se acessam contas bancárias, já se cogita que o papel moeda, junto aos outros papéis impressos, em breve seja um anacronismo.

Discos analógicos de vinil, que tinham músicas gravadas em sulcos percorridos por uma agulha de aço, foram trocados por "fitas cassetes" de plástico contendo pó de ferro em que as músicas eram gravadas por campos magnéticos e depois "lidos" por eletroímãs integrados a circuitos amplificadores. Essas fitas foram substituídas por CDs, discos compactos com sulcos cuja profundidade variável corresponde à informação digital lida por um feixe de *laser* que "conta" os comprimentos de onda em cada ponto do sulco. E esses CDs têm sido substituídos por milimétricos *chips* semicondutores, embutidos em dispositivos como *pen drive*s, ou simplesmente "baixados de nuvens", ou seja, dados obtidos na ve-

58 EDUCAR PARA O IMPONDERÁVEL

locidade da luz de *datacenters* que não se sabe em que país ou continente estejam.

O que se disse da gravação de sons vale de forma idêntica para fotos, vídeos, dados médicos, científicos, policiais, sociais, fiscais ou bancários. Equipamentos para diagnóstico hospitalar de saúde, para diagnóstico elétrico e mecânico de veículos, para localização e compra de qualquer produto, ou para prospecção de alvos em bombardeios aéreos, todos são dotados de *softwares* e *hardwares* semelhantes. Em cada um desses procedimentos, sejam eles científicos, comerciais, culturais, militares ou médicos, somente permanecem analógicas suas interfaces acústicas, óticas ou mecânicas, que fazem o contato do mundo virtual com o "mundo real" dos sentidos humanos.

Para uma criança desta última década, aparelhos como vitrolas, toca-fitas ou máquinas de escrever, que possam ter sido utilizados por seus pais ou avós, lhe são tão estranhos como peças de museu. Quando jovens, lerão romances ou assistirão a cenas "filmadas" há algumas décadas e verão um mundo praticamente desconhecido, em que alguém pode estar ansioso pela passagem do carteiro, à espera de notícias de alguém distante. E se forem levadas a um médico para tratar uma fratura ou uma infecção, não serão levadas "chapas de raios x" ou resultados de exames laboratoriais, pois radiografias e demais exames dispensarão suporte material e estarão disponíveis na tela do consultório, "baixados" imediatamente de algum centro de dados. Aliás, qualquer enfermidade ou mal-estar físico poderá receber um primeiro diagnóstico pelo próprio paciente, se recorrer a *sites* de busca.

Não somente os produtos e serviços, mas também seu processo de produção sofreu as vertiginosas transformações ocorridas nas poucas décadas de transição entre os séculos XX e XXI, o que inclui as próprias criações artísticas e científicas, profundamente afetadas pelos novos meios de registro e de produção, juntamente com uma infinidade de profissões. Gombrich, bem antes dessa vertigem tecnológica, já apontava que "Em anos recentes, os artistas também adotaram o veículo da fotografia para criar novos efeitos que antes eram prerrogativa dos pintores"[3]. Imagine-se o que diria ele quando esculturas são feitas por impressoras 3D, e vídeos são gravados e enviados por telefones celulares, alterando-se continuamente o suporte das artes plásticas e cênicas.

A indústria já havia absorvido desde o século XX a força de trabalho da agricultura e da mineração liberada pela mecanização. Com a ampliação exponencial de autômatos e sistemas substituiu-se o trabalho braçal ou repetitivo industrial, que foi deslocado para o setor terciário, de comércio e serviços, este que agora também o substitui por sistemas interligados em rede, tornando incerto o futuro do trabalho. Dentistas, ortopedistas, arquitetos e artistas estão sendo impactados por impressoras tridimensionais empregadas na produção de próteses, edificações e esculturas, assim como cirurgiões usando rob ótica já podem operar a distâncias intercontinentais.

Em síntese, a revolução científico-tecnológica de base quântica, que com seus semicondutores e *lasers* agilizou o sistema produtivo, passou também a transformar os serviços e produtos, da telefonia à medicina, crescentemente alterando ou dispensando o trabalho humano. O resultado dessa cadeia de substituições é um desemprego estrutural permanente que agrava problemas sociais em todo mundo. Sendo operários e funcionários substituídos por autômatos e por sistemas, na produção e nos serviços somente se emprega dignamente quem saiba fazer o que máquinas e sistemas não fazem, exigindo outra mudança, na educação profissional.

---

3. E. H. Gombrich, *A História da Arte*, p. 405.

60 EDUCAR PARA O IMPONDERÁVEL

Por isso, além do desequilíbrio dos sistemas de seguridade e previdência social, os protestos contra a "exploração do trabalho" foram trocados pela denúncia da "exclusão social". Isso impacta mais intensamente regiões com economia e estrutura social precárias, mas é um processo global sem solução à vista. Nas primeiras décadas do século XXI, têm se sucedido protestos sindicais e populares em reação a reformas previdenciárias e trabalhistas que, ao buscar assegurar equilíbrio financeiro aos governos, ameaçam descumprir expectativas de direito e sobretaxar a remuneração dos ganhos pelo trabalho. Essa questão de cunho fiscal e legal é só uma das consequências da enorme concentração de renda resultante das transformações na produção e nos serviços. Há consenso sobre essa concentração e seu crescimento, mas propostas para superar tal situação não são acompanhadas de instrumentos factíveis para sua efetivação.

Entre os pensadores contemporâneos que chamaram atenção para essa crescente concentração de renda, vale lembrar de Thomas Piketty, que demonstra

[...] a principal força desestabilizadora [...] a taxa de rendimento privado do capital [...] continuamente mais elevada do que a taxa de crescimento da renda e da produção. Uma vez constituído, o capital se reproduz sozinho, mais rápido do que cresce a produção. [...] O passado devora o futuro. As consequências podem ser terríveis para a dinâmica de longo prazo da divisão de riqueza[4].

E, como possível única alternativa, ele acena com um imposto progressivo sobre o capital, que demandaria "um alto grau de cooperação internacional e integração política regional [...] não acessíveis a Estados-nações nos quais compromissos sociais an-

---

4. Thomas Piketty, *O Capital no Século XXI*, p. 555.

teriores foram construídos"[5]. Noutras palavras, seria bom se fosse realizável, ou seja, imaginam-se "consequências terríveis", mas não alternativas praticáveis.

Outro impacto dessa transformação no mundo do trabalho é o eclipse de grandes propostas sociais libertárias e igualitárias, que ao longo do século xx ainda disputavam hegemonia política. Vale lembrar que a proposta de superação de desigualdades econômicas e disparidades sociais, debitadas à submissão da força de trabalho ao império do capital, foi formulada em função de uma revolução socialista, que resultaria na tomada dos meios de produção pelo proletariado industrial, a mesma massa de trabalhadores substituída por autômatos e sistemas, hoje relegada à marginalidade econômica.

Tal compreensão é bem expressa por Anthony Giddens quando este afirma:

> [...] é simplesmente errado dizer que a classe operária existe como antes, só que hoje trabalha no setor de serviços. [...] As circunstâncias econômicas, assim como as atitudes políticas dos trabalhadores conectados em rede, são substancialmente diferentes daquelas da antiga classe operária. O projeto da esquerda de incorporar a classe operária na sociedade mais ampla desmoronou[6].

De fato, independentemente de se aderir a toda a linha de argumentação do autor, atribuir a responsabilidade da revolução socialista aos operários pressupunha a essencialidade que tinham no processo produtivo. Após a perda dessa essencialidade, não foi apresentada alternativa para a socialização dos meios de produção, caso isso ainda seja almejado.

---

5. *Idem*, p. 556.
6. Fala de Anthony Giddens em conversa com Will Hunton, em Anthony Giddens & Will Hunton (org.), *No Limite da Racionalidade*, p. 46.

Também os Estados nacionais têm perdido espaço e poder para o novo mercado global, sendo cada vez menos capazes de compatibilizar imperativos econômicos e interesses populares. Isso, ao lado do eclipse dos projetos sociais e dos nacionalismos isolacionistas que voltam a emergir, deixa sem encaminhamento geral questões como exclusão social, degradação ambiental e conflitos étnicos ou sectários. As novas formas de marginalização econômico-social convivem com velhos problemas, herdados do século passado e alguns deles exacerbados, como êxodos econômicos e políticos, associações entre sectarismo e terrorismo, consumo de drogas, exploração e manipulação da religiosidade, preconceito e segregação étnica, cultural e sexual, despreparo diante de desastres econômicos, sociais e ambientais.

Esse contexto propiciou o surgimento e a ampliação de movimentos e organizações não governamentais, de alcance mundial ou local e de caráter eticopolítico, voltados para a inclusão social e econômica, a sustentabilidade ambiental, a pacificação regional ou global, da subsistência individual ao controle das redes de informação, dos limites físicos das concentrações urbanas às tensões associadas aos fluxos migratórios, das questões de etnia às de gênero. Em grande medida, essas organizações não governamentais são a principal forma contemporânea de militância social, ambiental, cultural e política, de certa forma tomando bandeiras e ideologias com que partidos políticos pautavam os movimentos sociais. Mas, sem um programa articulador comum, tais organizações navegam entre o mercado e o Estado, cuja função suplementam e, não raro, também fazem sua vigilância crítica.

A expansão dessas organizações também chamou a atenção de Will Hutton:

Uma das maiores mudanças dos últimos cerca de trinta anos foi um amplo crescimento das organizações não governamentais, dos grupos de interesses e de pressão que funcionam em nível mundial. Eram apenas algumas centenas; agora são mais de 10 000[7].

E, como Hutton disse isso há quase vinte anos, por certo agora já são muitas vezes mais.

A participação de algumas dessas organizações não governamentais, que no plano internacional acolhem populações em condição de miséria, flageladas pela fome, epidemias, catástrofes e guerras regionais, põe em foco um traço dramático desse começo de século XXI, que tem duplo e contraditório caráter. De um lado, a enorme capacidade de intercomunicação que, de certa forma, dá condição para que essas organizações existam, se informem sobre problemas, mobilizem participantes e encontrem financiadores; de outro lado a fragilidade ou inexistência de mecanismos internacionais de consulta e intervenção que possam equacionar e enfrentar os problemas ou tragédias, razão de ser dessas organizações.

As questões ambientais, em conjunto com o acolhimento de dramas sociais, econômicos e políticos, foram razão de ser de muitas dessas organizações, o que estimulou o estabelecimento de acordos internacionais sobre o clima, assim como de propostas de distribuição de responsabilidades sobre a recepção de refugiados. Lamentavelmente, a segunda década deste século vive sérios retrocessos em ambas essas frentes, quando acordos climáticos e de solidariedade internacional são irresponsavelmente ameaçados pelo recrudescimento de autoritarismos e nacionalismos isolacionistas em todos os continentes. Pode-se ver isso em um breve panorama do mundo, com alguns parágrafos sobre o momento em

---

7. Fala de Will Hunton em conversa com Anthony Giddens em Anthony Giddens & Will Hunton (org.), *No Limite da Racionalidade*, p. 74.

64 EDUCAR PARA O IMPONDERÁVEL

que estas linhas estão sendo escritas, circunstâncias que podem já ter se modificado quando este livro chegar ao leitor.

Neste momento, a União Europeia procura manter alguma integridade continental com a articulação entre Alemanha e França ameaçada pela saída da Inglaterra e por grupos de direita separatistas, festejados pela Rússia que, em busca de novo protagonismo mundial, quer enfraquecida a Otan – Organização do Tratado do Atlântico Norte, também menosprezada pelo atual governante dos Estados Unidos, que tem rompido acordos políticos, econômicos e ambientais. Os EUA voltam a um posicionamento agressivo, com sua liderança econômica ameaçada pela China, que vai ampliando o protagonismo mundial, com um bilhão e meio de habitantes e seu capitalismo de Estado. Aliás, a China mereceria todo um capítulo à parte, com a maior parcela de população e a maior taxa de crescimento econômico de todo o mundo. Ao lado, Coreia do Sul, Japão e demais nações desenvolvidas do Pacífico procuram se equilibrar diante do confronto entre China e EUA e evitar confronto com a Coreia do Norte, economicamente atrasada, mas belicamente agressiva.

No mundo árabe e islâmico, recrudesce uma disputa de hegemonia político-religiosa entre nações de maioria sunita lideradas pela Arábia Saudita e de maioria xiita lideradas pelo Irã, assim como revoltas antiautoritárias envolvendo outros países como Líbano e Tunísia; a Turquia, que tinha se tornado laica com o fim do Império Otomano, voltou a ter governo islâmico há algum tempo, como ocorrera no Egito antes de subsequente intervenção militar. Enquanto isso, grupos sectários sunitas destruíram regiões inteiras na Síria e Iraque, pretendendo reconstruir um califado. Esses grupos multiplicam atentados em vilarejos xiitas, assim como levam o terrorismo a grandes capitais ocidentais a partir de bases na Ásia e na África. Aliás, eles inauguraram o século XXI com a derrubada das torres gêmeas em Nova York e atentados pela

Europa, prosseguindo a matança como a de centenas de cristãos em igrejas no Sri Lanka, pretensamente em represália ao assassinato de islâmicos por radical racista em igreja da Nova Zelândia. E a brutal "limpeza étnica" perpetrada por budistas radicais de Mianmar contra o povo islâmico rohingya, macula até mesmo a imagem pacifista do budismo e mostra um terror sectário não exclusivo de extremistas islâmicos.

O crescimento econômico da Índia, com mais de bilhão de habitantes, pode se mostrar ainda mais significativo, precisando superar antigo conflito com o vizinho Paquistão e administrar heranças seculares de segregação de culturas e castas. Os países da América Latina e da África em geral continuam sendo exportadores de *commodities*, politicamente instáveis, orbitando sem relevância estratégica em torno dos protagonistas globais e incapazes de fazer face à degradação social e ambiental. O Norte da África também convive com o terror sectário islâmico, outras partes sofrem sequelas do colonialismo e suas heranças tribais tem dificultado a democratização política. Na América Latina, países com diferentes potencialidades econômicas e históricos políticos têm em comum ou a persistência de desigualdades, ou mesmo a marginalização endêmica de parte de suas populações, acompanhada de ameaçadora criminalidade organizada. Não por acaso são palcos persistentes de manifestações e revoltas sociais.

Passado Recente

A jornada na contramão do tempo pode agora passar sem descontinuidades para o século passado, pois o panorama é praticamente o mesmo em seu término, quando a internet, surgida originalmente para intercâmbio entre cientistas, tornou-se a forma universal de comunicação, rapidamente ultrapassando a telefonia,

66 EDUCAR PARA O IMPONDERÁVEL

dispensando os correios e tornando praticamente todo o mundo em uma aldeia global. Cada região viveu essa evolução de forma específica, mas é inevitável salientar os processos que, por sua centralidade, impactaram todos os demais.

Já na última década do século XX, o panorama político foi marcado pelo desmonte dos regimes socialistas no Leste europeu, que eliminou barreiras à globalização econômica e deu origem a repercussões locais. Igualmente, ao longo da segunda metade do século passado, a Ásia passou por inúmeras e variadas transformações, em direções muitas vezes contraditórias. América Latina e África, não acompanhando o ritmo das economias centrais, recuaram ou se mantiveram na exportação de matérias-primas, a exemplo do Brasil, que se desindustrializou. O mundo árabe, frustradas as tentativas de sua unificação, experimentou tensões e rearranjos de poder em função do subsolo petrolífero e da associação entre a política e o islã.

Uma descrição abrangente desse envolvimento com a política do islamismo é feita por Geoffrey Blainey. O autor demonstra o crescimento dessa fé, que ao final do século XX já constituía cerca de um quinto dos religiosos de todo o mundo, sendo "maior que o número de hinduístas e budistas somados. Os cristãos eram mais numerosos, com um terço da população do planeta, mas sua liderança estava sob ameaça"[8]. Relata, em seguida, como o Irã, onde se instaura o regime dos aiatolás, passa a constituir-se no polo mundial da vertente xiita, assim como a Arábia Saudita, que se estabeleceu como grande fornecedora de petróleo para os EUA, passou a ser a contrapartida sunita. O enfrentamento entre os dois polos avançou para o século XXI, sendo a disputa religiosa paralela à pela hegemonia econômica e política regional. Outra forma mais trágica da relação religião e política apontada por Blainey tem a ver com certos

---

8. Geoffrey Blainey, *Uma Breve História do Século XX*, p. 297.

[...] militantes que faziam o recrutamento de terroristas. Na década de 1980, os escolhidos foram para o Afeganistão, para expulsar os invasores soviéticos ateus. Quando a guerra do Afeganistão acabou, o ódio foi direcionado contra os norte-americanos: cristãos, apoiadores de Israel e disseminadores de uma cultura materialista que seduzia os jovens muçulmanos. Um desses recrutas era Osama Bin Laden[9].

A derrota no Afeganistão pode ter sido mais um elemento para o desmonte do mundo soviético, mas isso já se iniciara bem antes nos seus países satélites, que desejavam maior autonomia e estavam descontentes com disparidades econômicas, ao lado de tensões internas em reação à Perestroika e à Glasnost, políticas de modernização e transparência da União Soviética. Os anos de 1989 e 1990 foram determinantes, com o governo da Polônia cedendo a pressões sindicais; a Alemanha sendo reunificada com a queda do Muro de Berlim; a ruptura dos países bálticos com a União Soviética e a extinção desta em 1991, dando lugar a uma nova Rússia e a vários países novamente independentes, a exemplo da Ucrânia, que até hoje mantém uma questão contenciosa de fronteira com a Rússia, que recentemente lhe tomou a Crimeia.

Não chega a surpreender, nesse processo, antigos países socialistas como Iugoslávia e Tchecoslováquia terem se subdividido em unidades politicamente distintas, como eram em seu passado. Em parte, isso pode ser reação tardia à artificialidade da partilha territorial ao final da Segunda Guerra Mundial, mas também pode ser uma afirmação de memória coletiva, em função de um passado idealizado, como reação à globalização. Talvez seja da mesma natureza a emergência retrógrada de populismos nacionalistas ou religiosos em nações como os EUA, a Hungria ou a Turquia.

9. *Idem*, p. 301.

68 EDUCAR PARA O IMPONDERÁVEL

Ao tratar o que essas várias situações têm em comum, Zygmunt Bauman aponta um futuro com mais medo do que esperança, que substitui a utopia e o apreço pelo progresso pela busca de uma imaginada ou nostálgica segurança do passado. Segundo ele:

À medida que os velhos medos caíam aos poucos no esquecimento, e os novos medos ganhavam em volume e intensidade, promoção e degradação, progresso e retrocesso trocaram de lugar [...]: em lugar de investir as esperanças públicas de melhoria num futuro incerto e "sempre obviamente duvidoso demais", reinvesti-las em um passado vagamente relembrado, valorizado por sua suposta estabilidade e, portanto, confiabilidade[10].

A segunda metade do século XX foi pautada pela Guerra Fria, a disputa de caráter global entre o Ocidente capitalista e o Leste socialista. Tendo como pano de fundo a "corrida nuclear", ou seja, o cotejo permanente de poderio destrutivo entre as principais potências, EUA e URSS, o enfrentamento entre sistemas econômicos também se materializava em cenários de conflito aberto, como na Guerra da Coreia, que resultou na sua divisão, e mais na Guerra do Vietnã, também envolvendo Camboja e outros vizinhos, em que o Ocidente foi derrotado, representado pelos EUA que tinham sucedido a França na intervenção na Península. Em todo o mundo o enfrentamento ideológico entre os dois sistemas foi ostensivo, resultando em poucos redutos socialistas, como Cuba, e nas guerras contra o colonialismo em alguns países africanos. No processo de democratização merece destaque o combate à segregação racial na África do Sul.

No mundo socialista, em parte cooperaram e em parte disputaram URSS e China, pois esta estabeleceu-se socialista, mas não se

10. Zygmunt Bauman, *Retrotopia*, pp. 11-12.

pretendia satélite daquela, e assim seguiu trajetória muito distinta. Os soviéticos, com décadas a mais de regime, já tinham colhido bons resultados de seu desenvolvimento educacional e científico, assustando o Ocidente com sua dianteira na corrida espacial com o lançamento do Sputnik, primeiro satélite artificial. Já os chineses, mais recentes no socialismo, dada a inicial dificuldade em superar diferenças culturais entre classes sociais, promoveram a chamada Revolução Cultural para radicalizar o nivelamento econômico. Ambas as nações se transformaram em poucas décadas. O mundo soviético foi perdendo dinamismo, dominado pela burocracia estatal, enquanto a China, em direção oposta à Revolução Cultural, partiu para reformas econômicas, abrindo-se para iniciativas privadas que gradativamente a transformaram no principal centro industrial do mundo, contando com tecnologias oriundas do Ocidente, assim como de matérias-primas importadas do Hemisfério Sul.

A partir dos anos 1960, parte dos movimentos de esquerda e do pensamento crítico ocidental não mais se identificava com a orientação do chamado "socialismo real" do Leste europeu, sendo o ano de 1968 simbólico pelos levantes libertários clamando por transformações em escala mundial, que se arrefeceram ao longo dos anos 1970 e 1980, mas deixaram questões até o presente não respondidas, questões que se tornaram ainda mais ostensivas.

Assim, parte do vivido na atualidade do século XXI tem claras relações com fenômenos de meio século antes. Pode-se ilustrar isso com dois exemplos bem diferentes do que foi teorizado no período. Oriundo da denominada Escola de Frankfurt, de ascendência marxista, Herbert Marcuse denunciava uma neutralização da crítica ao sistema, pelo fechamento de alternativas, sentenciando a sociedade de consumo. Em seu livro mundialmente mais

70 EDUCAR PARA O IMPONDERÁVEL

conhecido, *O Homem Unidimensional*[11], afirmava que dispor de enorme oferta de bens e serviços, em lugar de maior liberdade, de fato pode corresponder a maior alienação. Diferente dele, na mesma época e com positiva expectativa sobre o futuro, Fritjof Capra trouxe uma visão inspirada na cultura oriental e integrando conhecimentos de diferentes áreas. Capra classificava a sociedade medieval como "orgânica", a sociedade industrial como "mecanicista", e previa em seguida uma nova "mutação", com a adoção de uma abordagem "holística" ou "sistêmica", que envolveria "uma nova ética planetária e novas formas de organização política"[12].

É essencial lembrar, neste ponto, a mudança na relação entre ciência e tecnologia ocorrida na segunda metade do século XX, que presidiu parte das transformações produtivas e culturais que resultaram na terceira revolução industrial. Até o início dos anos 1960, a física quântica se concentrava nas altas energias do núcleo atômico e o financiamento científico prestigiava a energia nuclear. Essa mesma ciência que deu origem às bombas nucleares também fundiu espaço e tempo, assim como matéria e energia, esclareceu a formação e evolução das estrelas e do universo, modificando profundamente a visão do cosmo. Mas foi o surgimento da microeletrônica que deslocou, na física, o foco das altas energias dos núcleos atômicos para as baixas energias dos cristais semicondutores.

Rapidamente, diodos e transístores se reuniram em circuitos integrados que substituíram a eletrônica de tubos em rádios, TVs e computadores, dando depois origem à informática dos *chips* em computadores pessoais, celulares e inúmeros dispositivos hoje integrados às redes globais de informação. A física das altas energias compreendeu a fusão nuclear nas estrelas e deu margem a seu uso

11. Herbert Marcuse, *O Homem Unidimensional*, São Paulo, Edipro, 2015.
12. Fritjof Capra, *O Ponto de Mutação*, p. 389.

em bombas e reatores, mas somente nas baixas energias em que se desenvolve a microeletrônica dos semicondutores. Igualmente, ao longo da evolução cósmica, não foi no núcleo tórrido das estrelas que surgiu a vida, mas sim a uma distância confortável de uma estrela, nas temperaturas da água liquida, como será discutido adiante neste capítulo. Pode-se dizer que a ciência "imitou a natureza" com o silício em lugar do carbono.

Nas altas ou baixas energias, os saberes práticos das técnicas e os saberes abstratos das teorias sempre estiveram associados.

Na moderna tecnologia, são também inseparáveis a compreensão intelectual e a produção material. [...] Os semicondutores, que são a base material da informática, não seriam desenvolvidos sem a compreensão quântica do comportamento dos elétrons nos cristais,

como afirma o autor deste livro em outra obra[13]. Ou seja, tanto fusão nuclear quanto semicondutores são, a um só tempo, compreensão e manipulação da natureza.

A física dos sólidos, a biologia molecular e a química fina são fundamentos quânticos das recentes revoluções tecnológicas, assim como eletromagnetismo e termodinâmica, respectivamente, como veremos, fundamentaram as duas primeiras revoluções industriais. Também recentemente, a biologia molecular revelou a base quântica da vida, as macromoléculas que, no interior de cada célula, têm a receita de cada ser vivo, dando os fundamentos microscópicos para a teoria da evolução desenvolvida no século XIX. O desenvolvimento das teorias quânticas e relativistas e o da biologia molecular, no início e na metade do século XX, inauguraram novas visões de mundo e transformaram profundamente as tecnologias, e como consequência, também modificaram globalmente relações sociais e culturais.

---

13. Luís Carlos de Menezes, *A Matéria: Uma Aventura do Espírito*, p. 3.

72 EDUCAR PARA O IMPONDERÁVEL

Essa transformação foi bem sintetizada por Eric Hobsbawm ao afirmar que

Devíamos esperar que as ideologias do século XX se regozijassem com o triunfo da ciência, que são os triunfos da mente humana, como fizeram as ideologias seculares do século XIX. [...] Pois ela não apenas afrouxou o domínio das religiões tradicionais na maior parte do século, [...] mas a própria religião se tornou tão dependente da tecnologia baseada na alta ciência quanto qualquer outra atividade humana no mundo desenvolvido[14].

Também as artes foram impactadas, como diz Gombrich: "Artistas e críticos estavam e ainda estão impressionados pelo poder e prestígio da ciência", mas logo em seguida adianta que "a arte não só quer acompanhar a marcha da ciência e da tecnologia, mas também pretende fornecer um escape em relação a estes monstros"[15]. Pois como o mesmo autor afirma pouco antes, sobre os artistas, "Eles querem sentir a sua obra como realmente única, o produto de suas mãos num mundo em que tanta coisa é feita mecanicamente e padronizada"[16].

Voltando a apreciar o cenário social do mundo na segunda metade do século passado, os derrotados na Segunda Guerra, Japão, Alemanha e Itália, a partir de sua preservada base cultural em pouco tempo se recompuseram e se integraram ao cenário principal da economia liderada pelos EUA. Enquanto isso, o mundo árabe e islâmico viveu tentativas frustradas de unificação, como o da República Árabe Unida no Egito, seguida de outros ensaios, como da Líbia, ao lado da formação de potências regionais, como

---

14. Eric Hobsbawm, *A Era dos Extremos: O Breve Século XX (1914-1991)*, p. 51.
15. E. H. Gombrich, *A História da Arte*, p. 611.
16. *Idem*, p. 605.

A AVENTURA 73

a Arábia Saudita, em função do subsolo petrolífero e de acordos com os EUA, que já esgotavam suas próprias reservas.

Nos bastidores da cena principal, na América Latina lideranças sociais conduziram propostas de reformas agrárias e políticas, além de diferentes pretensões socializantes, que também ameaçavam os setores de capital nacional latifundiário ou do capital internacional monopolista. Em reação a isso, nos anos 1960 e 1970, com apoio norte-americano, Chile, Argentina e Brasil sofreram golpes militares que abortaram aqueles movimentos e, ao mesmo tempo, interromperam as frágeis e recentes democracias por um par de décadas.

Na primeira metade do século XX, com duas grandes guerras marcadas pela divisão ideológica do mundo, a hegemonia europeia foi trocada pela norte-americana. A Segunda Guerra foi diferente da Primeira, mas consequência desta. Os países do chamado Eixo, que deram início à guerra, tinham históricos distintos: a Itália insatisfeita com o que lhe coube no espólio da Primeira Guerra, a Alemanha asfixiada pelo duro acordo de rendição e o Japão reconhecido como potência na Ásia e ansioso por conquistas territoriais não obtidas na guerra anterior e frustradas no começo do século. Todas essas três nações tinham regimes autoritários e beligerantes, respectivamente fascista, nazista e imperial, e estavam reforçadas por terem conseguido superar a crise econômica do final dos anos 1920.

O Japão, já nos primeiros anos da Guerra, dominou a Ásia, tomando parte da China, toda a Indochina e quase todo o Pacífico. O surpreendente ataque à marinha americana em Pearl Harbor produziu nesta enormes baixas, mas ao mesmo tempo reforçou os Aliados, trazendo para a guerra os EUA anteriormente neutros e que tinham sido beneficiados pela rapidez com que se industrializaram depois da Primeira Guerra. A Alemanha tinha invadido

74 EDUCAR PARA O IMPONDERÁVEL

em 1939 parte da Polônia, que teve sua outra parte invadida pela URSS, numa espécie de acomodação entre opostos ideológicos. A Alemanha invadiu e subjugou a França em 1940 e em seguida a Grécia, assim como pouco depois iniciou a "solução final" para a pretensa supremacia ariana, com o extermínio de judeus, mais tarde denominado Holocausto. Enquanto isso, a URSS invadiu os países bálticos e parte da Romênia, recuperando territórios perdidos na Primeira Guerra. O pacto entre opostos não perdurou e a Alemanha invadiu a URSS em 1941.

Os ingleses tiveram papel central entre os Aliados pois, se desde 1940 foram extensamente atacados por aviões alemães, já em 1942 também atacavam a Alemanha pelo ar e enviavam suprimentos até a URSS, que perdera Leningrado (hoje São Petersburgo) e evitava um cerco a Moscou. Em 1944, no famoso Dia D, os ingleses desembarcaram no Sul da França, pouco depois libertando Paris, e no ano seguinte, junto com os americanos, tomaram a Itália. Os três últimos anos da guerra foram de derrota final para a Alemanha e para a Itália, mas não completa para o Japão. No início de 1945 os russos tomaram as capitais da Polônia e da Hungria e em seguida tomaram Berlim. De certa forma, se delineava como seria dividida a Europa após o fim da guerra.

Avançar sobre o Japão, por outro lado, seria certamente muito custoso. Esse foi um dos motivos para a decisão pelo emprego da energia dos núcleos dos átomos, em sequência a uma batalha travada por cientistas desde 1942 nos Estados Unidos. Em 1945 testou-se com sucesso uma primeira bomba atômica e, não muitos meses depois, duas delas foram lançadas sobre Japão, matando muitas dezenas de milhares de pessoas, pondo fim à Segunda Guerra e dando início à guerra fria. A despeito do seu brutal sacrifício de vidas, foi a URSS que ao lado dos EUA saiu fortalecida, controlando todo o Leste europeu tornado socialista e passando a disputar com o Ocidente a primazia do modo de produção. Assim, a guerra que terminava deixou trágico balanço: dezenas de milhões de mortos, número sem precedentes na história, assim como um cenário político inconcluso.

Pedro Tota descreve concisamente como surgiu e em que resultou a Segunda Guerra. Corroborando o que se afirmou acima, explica:

> [...] a bomba não objetivava apenas acabar com o que restava da resistência japonesa [...parece certo que se] esperava que os soviéticos compreendessem o novo poderio de destruição dos Estados Unidos e avaliassem suas repercussões sobre a política e a diplomacia do pós-guerra[17].

O período entre as duas grandes guerras, como já sinalizado, foi de recuperação dos danos da Primeira e, de certa forma, de antecipação da Segunda. Com os cuidados necessários para ir na contramão do tempo será preciso considerar importantes consequências da Primeira Guerra. Por exemplo, menos atingido por tal conflito, os EUA ampliaram muito sua indústria e se prepararam ao longo do período para assumir, em lugar da Inglaterra, a liderança econômica do mundo. Ao final dos anos 1930 a Itália, a Alemanha e o Japão, conduzidos por regimes autoritários, haviam se recomposto de uma grave crise econômica que transtornou todo o mundo ocidental, iniciada com o despencar em 1929 do valor de ações em Wall Street, que já tinha grande centralidade, e levou, em todo o mundo, a um assustador recuo no valor das matérias-primas, do consumo, da produção, dos empregos.

O desemprego por conta da Crise de 1929 renovou a emigração de força de trabalho europeia, particularmente para países do

---

17. Pedro Tota, "Segunda Guerra Mundial", em Demétrio Magnoli, *História das Guerras*, p. 386.

76 EDUCAR PARA O IMPONDERÁVEL

hemisfério sul, como Argentina e Brasil, o que contribuiu para posterior mudança nos padrões produtivos agrários e industriais desses países. Para entender o alcance global da crise, vale lembrar a importância que os EUA já tinham naquele momento, e a euforia que produziam no resto do mundo.

Uma imagem expressiva da crise de 1929 é a de uma gigantesca bolha que explodiu. Nas palavras de Jacques Brasseul, "os Estados Unidos respondiam por 42% da produção mundial" e "a Bolsa não parava de subir [...] nessa década a média das cotações tinha multiplicado por vinte. [...] Em alguns dias tudo desmoronou"[18]. Segue-se brutal recessão mundial. "Perdem seus empregos [...] um quarto da população ativa e metade da mão de obra industrial"[19]. As explicações para a crise foram muitas e até hoje divergentes, mas vale a ideia da bolha, quando muitos correm atrás de lucro rápido, comprando ações sem lastro para seu valor inflado pela enorme demanda.

Vê-se assim, como os protagonistas da Segunda Guerra foram formados logo depois da Primeira, em função da qual a França e Inglaterra saíram debilitadas, mas Alemanha, Itália e Japão saindo fortalecidos. E, quando o exército da Rússia czarista voltou derrotado e desmoralizado da Primeira Guerra, foi facilmente subjugado pelas forças revolucionárias socialistas, surgindo assim a União Soviética que, socializada, passou incólume pela depressão de 1929. Enquanto isso, os EUA foram relativamente recompostos pela política denominada New Deal ("novo acordo"), de fomento estatal à economia e criação de empregos.

Um capítulo à parte entre as duas guerras foi a renovação política da Turquia, que sediara no século anterior o enorme Império

---

18. Jacques Brasseul, *História Econômica do Mundo*, pp. 310-313.
19. *Idem, ibidem.*

Otomano e que, durante a Primeira Guerra, tinha se envolvido como adversária de França e Inglaterra e promovido a exclusão de milhões de armênios cristãos, muitos dos quais mortos no que foi considerado um genocídio. Mesmo tendo perdido boa parte do império, a Turquia era ainda central no mundo islâmico como califado, dominando inclusive Meca. Quando da deposição do sultão e criação da república, com a laicização do Estado turco, o enorme impacto modernizador chegou a animar oposições democráticas em outras nações islâmicas, mas sem sucesso real.

Chega-se afinal à Primeira Guerra, que começou com um incidente, o assassinato em Sarajevo do herdeiro do Império Austro-Húngaro, que havia anexado a Bósnia-Herzegovina com a possível participação da Sérvia, que os austríacos em seguida invadiram com o aval da Alemanha, para a qual a França tinha perdido a Alsácia-Lorena no fim do século XIX e a queria recuperar. Esse era o cenário tumultuado na época da Primeira Guerra, quando havia dois grandes grupos de nações, a chamada Tríplice Aliança de França, Inglaterra e Rússia, e a das potências e impérios centrais, Alemanha, Itália e os impérios Austro-Húngaro e Turco-Otomano.

Essa guerra mundial foi precedida pela já mencionada invasão da Sérvia pela Áustria-Hungria, seguida da declaração de guerra da Alemanha à Rússia e a invasão da Bélgica e do Norte da França pela Alemanha. A resistência da França com o apoio da Força Expedicionária Britânica foi mais eficaz que a resistência da Rússia, que teve desde logo graves baixas. Por outro lado, franceses e britânicos não conseguiram tomar dos turcos o Estreito de Dardanelos, enquanto na Itália os austríacos impuseram recuos, prisões e deserções em massa.

A guerra envolveu do Norte da Europa ao Norte da África e mesmo países distantes, até porque nações e impérios tinham domínios além do cenário central aqui descrito. O Japão, que anos antes havia invadido a Rússia, não mandou tropas à Europa, mas mobilizou sua marinha contra a da Alemanha. Alguns países como a Espanha se mantiveram neutros, outros entraram depois, como a Itália. Outros ainda, antes neutros, tiveram navios abatidos pela marinha alemã, como os americanos, que acabaram tendo participação decisiva, ou como o Brasil, que veio a ter uma pequena participação na Europa. A trágica pandemia de 1918, denominada "gripe espanhola" sem ser espanhola, causou muita morte em todos os continentes, ocorreu perto do epílogo da Primeira Guerra, agravando suas consequências sociais e econômicas.

O desfecho dessa guerra, com a vitória da Tríplice Aliança, foi precedido por dois movimentos: a chegada dos americanos, com combatentes bem armados que reforçaram decisivamente os Aliados; e a vitória bolchevique na Rússia, que ao celebrar armistício com as potências centrais, as aliviaram de uma das frentes de batalha. Um balanço da Primeira Guerra envolve quinze milhões de mortos, a França recuperando a Alsácia-Lorena mas profundamente desgastada, a Itália mais desmoralizada que destruída, a Alemanha profundamente endividada e transformada em república, a Turquia sem seu Império Otomano, e o Império Austro-Húngaro desmembrado.

Por outro lado, os japoneses saíram reforçados com nova visibilidade e sem maior desgaste, os americanos afirmados como potência mundial. Já os britânicos, decisivos na guerra, saíram dela menos desgastados que os franceses. E a Rússia, anteriormente czarista, foi transformada em república socialista. Na conferência que se seguiu ao armistício, fundou-se a Liga das Nações, que mais tarde deu origem à ONU. Mas foi o Tratado de Versalhes, em junho de 1919, que selou os termos finais do conflito, cuja retrospectiva deixa a impressão de que, do começo ao fim, poderia ter sido muito diferente, pois o que a detonou parecia ter sentido episódico, assim como o processo que a concluiu deixou sequelas que resultaram em outra guerra ainda maior.

O que antecedeu a Primeira Guerra foi o período usualmente lembrado como Belle Époque, de euforia com as novas tecnologias de transporte e telecomunicação e sem expectativa de que grandes guerras estariam por vir. Naquele momento, viviam-se as heranças de duas revoluções industriais, a das máquinas a vapor e a da eletricidade, que também inaugura o domínio energético do petróleo, com todas as suas repercussões políticas e econômicas. Desde a segunda metade do século XIX, com a intensa industrialização se intensificam movimentos trabalhistas reivindicatórios e outras manifestações políticas, dada a enorme desigualdade social e econômica que também resultou em intensa emigração, exportando a pobreza europeia para quase todo o mundo.

As razões das migrações são bem descritas por Jacques Brasseul:

> [...] pressão demográfica, opressão política [...], possibilidade de colonização de países com baixa densidade populacional. [...] 60 milhões de europeus partem para o ultramar até a Belle Époque, quando esse êxodo culmina (um milhão e quatrocentas partidas por ano de 1909 a 1913)[20].

A europeização de enormes regiões do mundo, como a América Latina, é então fortemente acelerada.

Industrialização do Mundo

Antes de prosseguir, em nossa viagem ao passado, para a primeira metade do século XIX já marcado pelas revoluções industriais, é importante mencionar a unificação de importantes nações que até então eram reuniões de monarquias e ducados indepen-

---

20. Jacques Brasseul, *História Econômica do Mundo*, pp. 251-252.

80 EDUCAR PARA O IMPONDERÁVEL

dentes, como a Alemanha e a Itália. Em 1870, a França, com pretensões territoriais, atacou a Prússia, em uma campanha sem sucesso, mas que no curto prazo resultou na unificação da Alemanha e da Itália, assim como no longo prazo deu origem aos protagonistas das guerras do século XX.

É interessante notar como o desfecho de uma guerra promove os elementos para o deflagrar da próxima. Por exemplo, Armando Vidigal conclui:

> A Guerra Franco-Prussiana de 1870 faz parte de uma série de acontecimentos que levaram à unificação da Alemanha, contribuíram para a da Itália, e redesenharam o mapa da Europa de uma forma que tornaria inevitável a eclosão da Primeira Guerra Mundial[21].

Por certo, o decorrente enfraquecimento da França foi um fator preponderante para isso.

Se até aqui houve a pretensão de sintetizar mais de um século, agora se resumirá muito mais tempo em poucas páginas, mostrando inicialmente como a ciência experimental e o progresso técnico acompanharam as revoluções mercantis, industriais e as transformações econômicas e políticas em geral, e recuando no tempo até o surgimento dos impérios e das civilizações. Nesta viagem em direção ao passado, parte-se de um mundo já com motores e telefonia e se prossegue até o início da agricultura. Tanto quanto na seção anterior, o enfoque será dado aos eventos de repercussão global, mesmo considerando que diferentes regiões tiveram percursos específicos que poderão ser eventualmente mencionados.

O trajeto passa pelas mudanças de visão de mundo em associação com mudanças no mundo. Assim de que forma, se viu como

---

21. Armando Vidigal, "Guerra da Unificação Alemã", em Demétrio Magnoli, *História das Guerras*, p. 290.

a compreensão da intimidade quântica da matéria fundamenta a terceira revolução industrial, a eletricidade se associa à segunda revolução industrial, a termodinâmica à primeira, a mecânica e a gravitação surgem no período mercantil e a energética medieval das rodas d'água e moinhos de vento leva ao excedente produtivo que resulta na expansão da atividade comercial em meados da Idade Média. Dada a profusão de grupamentos dominantes em cada etapa, não será possível sequer acompanhar a trajetória de cada um em direção a um passado comum, mas no trajeto serão discutidas a exploração do trabalho em geral, a servidão e a escravatura em associação com as diferentes formas de poder e de organização do Estado, assim como o surgimento e a evolução das religiões e seu papel cultural e político, chegando-se à origem da escrita e da própria civilização.

Os séculos XIX, XVIII, XVII e XVI podem ser brevemente sintetizados pelos elementos que fundaram a economia contemporânea. Tanto quanto no século XX, foi o Ocidente o centro da associação da evolução produtiva com o desenvolvimento científico-tecnológico. Ainda que incorrendo em grande simplificação, tal tratamento da história provê uma linha condutiva que permitirá abarcar com alguma coerência tão significativo período histórico. No universo das artes, também não foi pequena a transformação no final do século XIX, quando artistas como Van Gogh e Cézanne já não pretendiam simplesmente reproduzir a observação do mundo natural. Como diz Gombrich: "Ambos deram o passo importante de abandonar deliberadamente a finalidade da pintura como 'imitação da natureza', [pois o primeiro queria expressar], o que ele sentia [e o outro] explorar a relação entre formas e cores"[22].

---

22. E. H. Gombrich, *A História da Arte*, p. 548.

82 EDUCAR PARA O IMPONDERÁVEL

No século XIX, quando um dos principais novos aportes tecnológicos foi o da eletricidade, com que se ampliou a já expressiva participação inglesa na economia mundial, ao mesmo tempo a Alemanha sediava a segunda revolução industrial e disputava a hegemonia europeia com Inglaterra, enquanto os Estados Unidos terminaram o século já com a maior renda *per capita* do mundo. Por certo, este desenvolvimento deu sequência àquele do século XVIII, em que o principal aporte tecnológico foi o das máquinas térmicas: a força do vapor energizou a Inglaterra para sediar a primeira revolução industrial, dando base ao período fabril de produção depois disseminado em todo o mundo. Mas é preciso também considerar uma série de eventos e processos relativamente independentes da evolução técnica, que foram tão significativos que precisariam ser tratados com alguma atenção. No entanto, dada a impossibilidade de abordar-se todos, pode-se selecionar alguns que pontuem cada período.

No século XIX foram marcantes dois processos particularmente ilustrativos, duas guerras internas a nações: a Guerra de Secessão americana, bem conhecida e comentada, e a Rebelião Taiping ("Grande Paz") na China, muito pouco conhecida no Ocidente. A primeira pretendeu evitar o separatismo de alguns Estados ao Sul dos EUA, mas após cerca de quatro anos acabou resultando no fim da escravatura naquele país. A segunda, uma insurgência dos camponeses chineses contra a miséria profunda em que viviam, durou catorze anos e terminou sem sucesso, mas foi incomparavelmente mais mortal.

Nesse século era generalizada a péssima condição de vida dos trabalhadores, o que deu lugar a movimentos por direitos e por democracia, ou seja, pelo trabalho digno e pelo voto. Aliás, foi quando muitas colônias se tornaram independentes. Na América Latina, se instauraram democracias e se aboliu a escravatura em muitos países, ainda que em outros se mantiveram escravos e servos até o século XX. Sobretudo na Europa, os operários impres-cindíveis à produção formavam o proletariado industrial, que de acordo com Marx lideraria as transformações sociais e econômicas.

Geoffrey Blainey chama a atenção para a diferença entre os dois conflitos e entre o conhecimento que se tem deles:

> Enquanto a Guerra Civil Americana é bastante conhecida […], a Rebelião de Taiping é pouco conhecida fora da China. Os mortos na Guerra Civil Americana excederam os 600 mil, mas na Guerra chinesa talvez tenham passado de 20 milhões, tornando-a mais mortal do que a Primeira Guerra Mundial[23].

Mesmo derrotada, essa revolta talvez tenha influenciado, mais tarde, a proclamação da república e até mesmo a própria revolução comunista. Com relação à enorme exploração do trabalho em to-do o mundo, Blainey chama a atenção para o grande teórico das revoluções do século XIX: "Com visão aguçada, Marx previu que, nas nações industriais, as novas máquinas e as novas habilidades produziriam um enorme abismo entre os ricos e os pobres"[24].

Antes de prosseguir rumo ao passado, é necessário apontar a notável produção científica do século XIX que deu fundamento a tudo o que se desenvolveu no século XX, em especial a sistemati-zação do eletromagnetismo por James Clerk Maxwell com base em descobertas anteriores, como as de Volta, Ampère e Oersted. Motores e geradores energizaram as indústrias e a iluminação pública, e com as ondas eletromagnéticas deram início às teleco-municações. Quanto às transformações na cultura e nas visões de mundo, a mais notável foi a compreensão de como os seres vivos surgem e se diversificam na biosfera: Charles Darwin e Alfred

---

23. Geoffrey Blainey, *Uma Breve História do Mundo*, p. 270.
24. *Idem*, p. 272.

Wallace foram os pioneiros em demonstrar como variedades de cada espécie surgem por acaso do processo reprodutivo e são selecionadas pelo meio natural de acordo com suas capacidades para sobreviver e se reproduzir, desenvolvendo a teoria da evolução, corroborada pela biologia molecular do século XX, que revelou seus mecanismos em nível microscópico.

De volta às guerras, no começo do século XIX a República Francesa deu lugar à monarquia, coroando Napoleão Bonaparte, que promoveu a conquista de parte da Europa, dominando inúmeros países, isolando comercialmente a Inglaterra, o que, através da coroa portuguesa exilada, atingiu o Brasil. O sucesso do Bloqueio Continental durou cerca de uma década, até a desastrosa tentativa de tomada da Rússia empreendida por Napoleão, o que resultou em seu exílio. Pouco depois de seu retorno ao poder, uma derrota final contra uma aliança anglo-prussiana encerrou seu império, que deixou legados em toda a Europa, como o fim da servidão e a perda de poder da Igreja Católica. Quanto à Inglaterra, esta passou a sediar o poder político e econômico mundial no restante do século, mas acossada de perto pela Alemanha, que se apropriou mais rapidamente da eletricidade na produção industrial, o que, como visto, já preparava o cenário para a primeira grande guerra.

O século XVIII se encerrou com dois processos de certa forma associados e com repercussões profundas sobre a história política do mundo: a guerra pela independência americana, que fundou os Estados Unidos da América, e a Revolução Francesa que, além de estabelecer a república, enunciou princípios de igualdade que pautaram desde então o conceito moderno de democracia. Na América do Norte, não se decidiria simplesmente o destino dos EUA, mas de todo o continente, e não se tratava somente da independência quanto à Inglaterra, mas também à França, pois quando essas duas potências guerreavam, como fizeram no final daquele século, decidiam também os destinos de colônias distantes, o que permite compreender, por exemplo, por que o Canadá é um país bilíngue. Enfim, em menos de uma década, a Inglaterra, desgastada por conflito tão dispendioso, cede a independência do território sobre seu domínio, lembrando que boa parte do Oeste americano era de domínio espanhol, obtido aliás por meio de uma curiosa barganha. Geoffrey Blainey conta que:

> Conhecida simplesmente como a Compra da Louisiana, ela assegurou aos Estados Unidos, a três centavos de dólar o acre, a propriedade do maior sistema de rios da América do Norte e uma imensa área que ia desde o Canadá até o Golfo do México[25].

A autonomia dos EUA e sua distância dos conflitos europeus favoreceu seu crescimento em direção ao protagonismo econômico mundial. Mas foi também no século XVIII que a Inglaterra instaurou definitivamente o modo de produção industrial, com as linhas de montagem utilizando trabalhadores dispensados da agricultura e máquinas a vapor energizadas pelo seu subsolo rico em carvão. A eficácia da produção industrial se generalizou e o restante do mundo, mais do que colônia para se dominar pela força, passou a ser seu mercado comprador de manufaturados e vendedor de matéria-prima. Já estava nisso, possivelmente, o germe do que depois se tornou globalização econômica.

Se for buscada uma origem para tal relação entre tecnologia e economia, certamente ela será encontrada no século XVII, em que se fundou a ciência experimental. A mecânica e a gravitação pautaram o desenvolvimento científico no período mercantil; e a visão do cosmo foi modificada, com que relações causais verificáveis tomando o lugar de explicações místicas, transformação

25. *Idem*, p. 238.

que se deveu, em grande parte, a gênios como Johannes Kepler, Galileu Galilei, René Descartes e Isaac Newton, a partir dos quais teorias se submetem a fatos observados, e não o contrário. Céu e Terra passaram a estar sujeitos sob as mesmas leis, com a mecânica e a gravitação de Newton, e o ser humano foi tirado do centro do universo.

Não por acaso, o fato de tais personagens, um alemão, um italiano, um francês e um inglês, terem formulado uma base experimental e quantitativa para a ciência tem correspondência com o caráter da economia mercantil que se firma naquele século em que Newton, aliás, também dirigiu a Casa da Moeda inglesa. Mas a nova atitude característica da ciência experimental também estabeleceu a base conceitual para o desenvolvimento tecnológico dos séculos seguintes.

Nas artes, as mudanças sociais e econômicas também deixaram marcas profundas. Gombrich afirma: "Ao contrário dos mestres da Idade Média e da Renascença", quando a arte era encomendada pela igreja ou por famílias abastadas, agora "eles deviam pintar primeiro os seus quadros e depois sair à procura de um comprador"[26].

O século XVII teve também seu lado obscuro. A Inquisição, promovida pelo Vaticano, atacou precisamente gente como Kepler, Galileu ou Giordano Bruno, este último executado por imaginar outros planetas habitados. E teve seu lado trágico, com a Guerra dos Trinta Anos. Esta começou com pretensa razão religiosa entre países protestantes e o Sacro Império Romano-Germânico, na realidade dando continuidade a quase um século de embates religiosos, mas depois de quatro milhões de mortes terminou em mero embate político, especialmente quando a França católica, por

---

26. E. H. Gombrich, *A História da Arte*, p. 416.

interesses nacionais, entrou no conflito ao lado dos protestantes, contra o Império Austro-Húngaro. Se no presente são chocantes as matanças sectárias entre diferentes vertentes islâmicas, apoiadas por interesses políticos antagônicos, vale lembrar situações como essa em que religiões podem ser razão ou pretexto, mas que disputas associadas à expansão do mercantilismo estavam no fulcro dos conflitos. Henrique Carneiro sintetiza esse aspecto mercantil, apontando que "a vitória do lado dos protestantes, especialmente para os holandeses, suecos e alemães, representou a conquista de uma preponderância comercial dos países do Norte, diante da derrota da supremacia espanhola e mediterrânea"[27].

Ao abordar esse período, o enfoque sobre a Europa Ocidental e o Oriente próximo tem a ver com sua centralidade para o desenvolvimento universal a partir de então, mas naturalmente deixa de abordar as evoluções de outras regiões mais orientais como da Europa do Leste, por exemplo, em que se instaura o Império czarista, ou do Oriente distante, ou mesmo das Américas. Por razões de espaço, foi necessário fazer escolhas difíceis, por exemplo, quando se fala das invasões mongóis e otomanas, há ênfase no seu efeito sobre os europeus, mas sem atenção às regiões de onde vieram esses povos, nem mesmo às razões que os moveram.

O período entre o final do século xv e começo do século xvi foi de grandes transformações nos planos cultural, religioso, político e econômico, que podem ser sinalizadas com três movimentos complementares, a Imprensa, o Renascimento e a Reforma. A imprensa de Johannes Gutenberg teve impacto cultural, religioso e político, ao permitir que livros, manifestos e manuais fossem incrivelmente mais acessíveis do que quando reproduzidos em

---

27. Henrique Carneiro, "A Guerra dos Trinta Anos", em Demétrio Magnoli, *História das Guerras*, p. 170.

88 EDUCAR PARA O IMPONDERÁVEL

xilografias ou por escribas artesãos. O Renascimento, assim denominado por retomar ideais do passado greco-romano, foi uma superação da estética medieval e uma abertura para novas relações entre as artes e as técnicas, bem ilustrada com a obra artística e as invenções de seu personagem simbólico, Leonardo da Vinci.

É também o tempo de outra transformadora percepção do cosmo, cujo personagem central foi o polonês Nicolau Copérnico, contemporâneo de Leonardo que abriu caminho para Kepler, Galileu e Newton ao apresentar outra visão sistêmica e matematizada dos movimentos planetários. A contemporaneidade arte-ciência, na visão de Gombrich, se corporifica na figura de da Vinci, "que viu claramente o problema que a conquista da Natureza tinha criado para os artistas – um problema não menos intricado que a combinação de desenho correto e composição harmoniosa"[28].

A Reforma Protestante, movimento moralizador do cristianismo iniciado por Martinho Lutero e continuado por João Calvino, ao mesmo tempo em que combateu a ostentação e a usura eclesiástica acabou por enaltecer valores essenciais do capitalismo nascente, além de estimular a alfabetização para que a Bíblia fosse lida por todos. Assim, Renascimento, Imprensa e Reforma caminharam juntas rumo à nova economia.

Não por acaso, foram essenciais na implantação desse período mercantil as navegações, dominadas por centros do inaugurado comércio internacional, como Veneza, Amsterdam e Londres. Também nos séculos XV e XVI, partindo das Penínsulas Ibérica e Italiana, expedições marítimas à África e às Américas foram dando realidade à Terra percebida como um globo, abrindo uma nova era de conquistas, ampliando o espectro das colonizações e de certa forma instaurando o que se passou a denominar "Ocidente". A

---

28. E. H. Gombrich, *A História da Arte*, p. 300.

civilização asteca, com um império de milhões de pessoas, grandes cidades e rituais elaborados, foi a primeira a ser conquistada pelos espanhóis no Leste do continente americano. A agricultura no novo continente já contava com irrigação e cultivava milho e batata, desconhecidos dos europeus. Os incas, civilização milenar instalada mais ao Sul, com cultura elaborada e avançadas técnicas militares, chegaram a dominar um território maior do que a Europa, com dezenas e povos e diferentes idiomas. Eles já haviam experimentado algum declínio, mas sucumbiram a doenças trazidas pelos espanhóis, como a malária, que causaram milhões de mortes e antecederam o domínio militar. Isso aliás aconteceu em quase toda a América, juntando-se à malária sarampo, tifo, gripe, coqueluche, catapora, difteria.

Geoffrey Blainey comenta que "milhões de pessoas morreram, enquanto outras simplesmente trocaram a forma de escravidão dos incas pela sujeição aos espanhóis". E com certo sarcasmo acrescenta que "para os derrotados, talvez o consolo a longo prazo tenha sido o catolicismo, que veio para dominar a América Latina"[29]. A compreensão da relação entre a conquista política ou econômica com a dominação cultural e religiosa talvez seja uma consideração importante para compreender os impasses contemporâneos em que, ao lado de mercadorias também se difundem redes sociais.

Vale lembrar que cerca de dois milênios antes da chegada dos europeus, já surgira a vasta civilização maia, que desenvolvera cultura, religião e escrita simbólica muito elaboradas, mas já havia declinado, deixando ruínas de uma arquitetura grandiosa. Não há clareza definitiva sobre as razões para o destino desse povo, mas certamente guerras entre seus diferentes impérios e doenças podem ter contribuído para seu declínio e desaparecimento.

---

29. Geoffrey Blainey, *Uma Breve História do Mundo*, p. 180.

90 EDUCAR PARA O IMPONDERÁVEL

A costa Oeste da América do Sul foi conquistada por navegantes portugueses, razão pela qual no Brasil se fala português, diferindo-o de toda a Hispano-América. Não fossem incursões e tratados posteriores, o país estaria ainda separado dos demais pela linha reta de um meridiano no Tratado de Tordesilhas. Isso não deve ser surpresa, pois basta olhar para o mapa da África para ver países separados por tantas linhas retas, riscadas no mapa por conquistadores negociando suas partilhas. Ouro e prata, depois cobre, borracha, cacau e café, foram algumas das mercadorias que definiram como as colônias passaram a ser produtores de matérias-primas, que hoje se chamam *commodities*, e essas riquezas foram disputadas por diferentes invasores, como holandeses no século XVII no Nordeste brasileiro.

O tráfico de escravos da África para as Américas sempre serviu ao aumento da produção extrativa dessas colônias, pois povos africanos retirados de seu meio natural tinham menos condição de resistir à sujeição do que os povos indígenas em seu território próprio. As razões econômicas, portanto, desde sempre promotoras do progresso material, também foram mentoras de muita maldade. Essas navegações e colonizações a partir da Península Ibérica já integram o período mercantil, ao lado de outros centros, como Veneza ou Gênova, que além de navegações tinham diversas rotas de exploração em direção a regiões como o Oriente Próximo ou Distante e o Norte da África, sendo algumas dessas rotas já milenares como a da seda, tão antiga quanto o Império Romano.

Esses polos comerciais, com interesses diversos como especiarias, sedas, joias, obras de arte e armamentos, concentravam fortunas, poder político e, não raro, também religioso, pois muitos desses centros ainda compunham, desde a Idade Média, o mosaico europeu em torno do Vaticano. Vale lembrar que a Península

Ibérica passara por séculos de dominação árabe, tendo resistido à islamização, tornando-se um dos polos da afirmação cultural e econômica do Ocidente, ainda que dividida entre a hegemonia francesa e a inglesa.

O milênio antecedente, a Idade Média, teve muitos períodos distintos. A fase final é a de uma Europa passando por uma variedade de infortúnios, de conflitos internos a grandes invasões, das epidemias à miséria profunda, como a chamada Guerra dos Cem Anos, na realidade uma série de conflitos difusos envolvendo sobretudo a França e a Inglaterra, e como a Peste Negra, que dizimou populações inteiras. Uma prece da liturgia campestre no fim da Idade Média reportada por Édouard Perroy é *A fame, bello et peste, libera nos Domine* (Livra-nos Senhor, da fome, da guerra e da peste)[30].

Idade Média

O fim da Idade Média está diretamente associado às invasões dos mongóis sucedidas pela dos otomanos, que em meados do século XV tomaram Constantinopla, sede do então Império Bizantino, importante centro do cristianismo por mais de um milênio, cidade que já se chamara Bizâncio e hoje é Istambul. A queda de Bizâncio marca o fim da Idade Média, tanto quanto a chegada às Américas do navegador genovês Cristóvão Colombo. O aspecto social central do período foi a superação do regime feudal e a diminuição do poder da Igreja Católica, também fragilizada nos territórios controlados pelos otomanos islâmicos, tudo isso acompanhado do desarranjo econômico, resultando em profunda pobreza da base social.

---

30. Édouard Perroy, *A Idade Média: Os Tempos Difíceis (Fim)*, p. 15.

92 EDUCAR PARA O IMPONDERÁVEL

A transição que leva ao período mercantil, começa por reorganizar o poder e aprofundar a miséria. Édouard Perroy descreve aquele momento:

É certo que todas essas perturbações acentuam as rivalidades entre as forças monárquicas, aceleram a emancipação dos Estados em relação ao poder eclesiástico, revelam a desproporção entre os recursos financeiros e militares dos príncipes e os seus meios de governar uma sociedade em que acabam de se desatar os laços de dependência pessoal e territorial do regime feudal. [...] A ordem social parece decompor-se na miséria do campo e nas divisões dos círculos urbanos[31].

Ao longo dos séculos XIII e XV foi sendo concluída a Idade Média, em um período que envolveu três processos em parte concomitantes, que devem ser explicitados, as invasões de mongóis e otomanos, entre as quais a Peste Negra matou um terço da população europeia. Os mongóis, que já haviam invadido a Rússia, avançaram no século XIII rapidamente sobre a Europa, conquistando enorme território, e por quase dois séculos disputaram com o Império Otomano estabelecido no século XIV. Os otomanos predominaram e no século XV tomaram a sede do Império Romano do Oriente, instalando-se em Istambul desde então. Assim, encerraram a Idade Média e por séculos islamizaram muitos povos e permitiam a outros se manterem cristãos, desde que não lhes contestassem o poder.

A pouca resistência àquelas invasões revela a fragilidade estratégica do Ocidente medieval que, por outro lado, com suas eclusas, rodas d'água e moinhos de vento aumentou sua produtividade. Essas inovações energéticas geraram o excedente produtivo que

---

31. Édouard Perroy, *A Idade Média: O Período da Europa Feudal, do Islã Turco e da Ásia Mongólica (Séculos XI–XIII)*, p. 243.

expandiu o mercado e levou ao declínio do regime feudal, ou seja, à substituição do poder dominial de senhores sobre camponeses servos pelo regime de cessão remunerada da terra por proprietários a camponeses rentistas.

Édouard Perroy resume esse processo:

> Frente aos senhores que haviam rompido seus laços diretos com a terra e os camponeses, transmutados em rentistas do solo, os beneficiários da operação foram, de um lado, os camponeses que exploravam diretamente a terra e, de outro, os que, dispondo de dinheiro, encontravam no rendimento do solo uma oportunidade de aplicação de fundos: os burgueses[32].

Antes do declínio do período medieval, houve uma fase de importante progresso dos séculos XI ao XIII, com a criação das primeiras universidades, das corporações de artesãos e das corporações de mercadores, que estabeleceram algumas das bases para o que viria a ser a futura economia mercantil. Aliás, foi a energética medieval das rodas d'água e moinhos de vento que contribuiu para o enorme aumento da produção no período, sem o que não haveria excedentes para serem trocados nos burgos, dando origem ao mercado e encerrando a Idade Média. Em contrapartida, esse também foi o período das Cruzadas e da intransigência religiosa, com perseguições e confinamentos dos considerados hereges, entre os quais judeus, homossexuais e leprosos.

Jacques Le Goff descreve com detalhes os horrores dessa época, em que perseguições, confinamentos em asilos e guetos e mesmo assassinatos eram legitimados por lei:

---

32. Édouard Perroy, *A Idade Média: Os Tempos Difíceis (Fim)*, p. 44.

94 EDUCAR PARA O IMPONDERÁVEL

Os hereges foram perseguidos e lançados aos espaços de exclusão da sociedade que foram cada vez mais delimitados no decorrer dos séculos XII e XIII, sob o impulso da Igreja. [...] No momento em que a inquisição era instalada, a heresia passou a ser definida como um crime de lesa-majestade, como um atentado ao "bem público da Igreja"[33].

Ao mesmo tempo, ele mostra que, "sob pressão da evolução econômica", nesses séculos foram reabilitadas e "acolhidas na sociedade cristã" certas categorias de profissionais cujo trabalho era considerado impuro.

Entre os séculos IX e XI, mudaram as relações entre a Igreja Católica ocidental, de Roma, e a oriental, de Constantinopla, começando com uma separação em que uma não reconhecia a outra, e por fim resultando em uma ruptura essencial, com a Igreja oriental transformando-se em Igreja Ortodoxa, com rito e regras próprias que se difundiram pelo Leste europeu, e até hoje predomina nos países da região, como a Rússia. Aliás, a relação entre a Igreja Católica e o Império Romano tem um histórico cuja origem está associada ao declínio deste, ou seja, anterior ao início da Idade Média.

Um desafio para se relatar os milênios anteriores é, numa descrição sintética, conseguir tratar a variedade de culturas, crenças e núcleos de poder que se enfrentaram e se revezaram nas diferentes regiões do globo. Não ignorando essa dificuldade, selecionando processos que pareçam mais centrais, será feita uma breve apreciação desse longo período, essencial por revelar raízes culturais profundas que se difundiram por todo o mundo e persistem até o presente. O milênio medieval teve distintas fases. A partir do século XI viveu uma economia feudal, do século VIII ao XI uma economia dominial, e o período entre os séculos V e VIII, que se

---

33. Jacques Le Goff, *A Civilização do Ocidente Medieval*, p. 315.

seguiu à queda do Império Romano, é conhecido como "bárbaro". Jacques Brasseul classifica essas etapas, acrescentando que "após os tempos bárbaros, fase de transição que sucede a Antiguidade, a Idade Média tinha conhecido uma espécie de primavera anunciadora de novos tempos até o século X, o verão nos séculos XI e XII, o outono no século XIII (em que surgem as contradições) e, por fim, o inverno com as grandes crises dos séculos XIV e XV. Talvez seja oportuno lidar com esse milênio como um todo, na sequência dessas "quatro estações", antes do mergulho na Antiguidade[34].

Assim, uma síntese do período medieval começaria com as invasões bárbaras que determinaram o fim do controle imperial romano, com tudo o que este significou em termos sociais e econômicos, como o fim da moeda comum, das cidades vigiadas e do comércio organizado, que passa a ser baseado no escambo, ou seja, na troca de mercadorias. Ao lado do retrocesso com a volta à agricultura de sobrevivência, tratou-se de convívio e transição entre uma cultura romana e outra germânica, com tendência ao isolamento de grupamentos humanos em torno de espaços rurais, dando lugar aos feudos, em que antigos escravos, ao lado de homens livres egressos das cidades se tornaram servos e se agruparam sob a tutela de um senhor feudal.

Também a arte passou por transformações, até mesmo uma regressão nesse período, ou como diz Hauser: "A arte produzida durante o período da migração dos povos é uma arte obsoleta, defasada no tempo [...], no aspecto estilístico, não tinha avançado muito além da Idade do Ferro"[35]. Mas, como o mesmo autor adverte: "A unidade da Idade Média como período histórico é inteiramente artificial"[36], o que vale também para a arte, mas aquela

---

34. Jacques Brasseul, *História Econômica do Mundo*, p. 6.
35. Arnold Hauser, *História Social da Arte*, p. 144.
36. *Idem*, p. 123.

96 EDUCAR PARA O IMPONDERÁVEL

regressão durante a migração talvez marque a arte medieval, com sua pobreza em perspectiva e realismo, associada ao caráter quase exclusivamente religioso, relativamente aos períodos que a antecederam, como o greco-romano, e a sucederam, como a Renascença.

A passagem dos domínios, regime que foi do começo do século VIII até o final do século IX, aos feudos dependeu de novas formas de divisão das posses e dos recursos produtivos. O senhor e seus servos controlavam e exploravam diretamente a reserva, que além de terra de cultivo concentrava moinhos, oficinas, pedreiras, enquanto os "foreiros" só cultivavam glebas cedidas pagando com trabalho ou outros meios e eram dependentes dos recursos produtivos da reserva, que também coordenava o comércio e estabelecia a ordem jurídica e eventualmente religiosa, quando o senhor também tivesse delegação da Igreja.

Um aspecto importante dessa etapa é a passagem da escravatura para a servidão, até mesmo por conveniência econômica, pois servos se sustentavam a si mesmos com suas famílias, deixando de ser mercadoria alienável e tornando-se inseparáveis da terra onde trabalhavam. Diferentemente do conservadorismo geral, inclusive dos recursos para a produção que prevaleceram os mesmos em boa parte da Idade Média, foi significativo o progresso técnico do período, especialmente nas formas de utilização de energética natural, ainda que não associado a qualquer desenvolvimento científico. Jacques Brasseul aponta:

> As máquinas difundem-se nesta época: moinhos de água e, posteriormente, de vento a partir do século XII, utilizando engrenagens, eixos de transmissão e manivelas, para transformar a energia dos elementos (em vez da energia dos animais ou dos homens) e aplicá-la em toda espécie de usos produtivos[37].

37. Jacques Brasseul, *História Econômica do Mundo*, p. 67.

A evolução econômica medieval não significou estabilidade política, mesmo porque até o século XI continuaram a ocorrer na Europa invasões que começaram muito antes, de hunos, magiares e tantos outros, como os vikings, grandes navegadores que se instalaram em áreas tão distantes como a Sicília e a Rússia, e os árabes, que chegaram à Europa a partir do século VIII. Esses intercâmbios entre civilizações trouxeram variados avanços técnicos, como o papel e o açúcar da China, sendo cada uma dessas invasões uma reconfiguração política e cultural, a exemplo dos árabes que por séculos passaram a controlar o Norte da África, o Oriente Médio e a Península Ibérica e foram portadores da cultura islâmica, de sua matemática e alquimia, e mesmo da cultura científica da Antiguidade grega.

Os árabes merecem um comentário a parte. Desde os tempos em que foram nômades em sua Península, já tinham uma língua comum, sofriam influências diversas e disputas territoriais – por exemplo com os persas – e abrigaram colônias judaicas e cristãs bem antes do islamismo. Tais influências podem ter facilitado a proposição de um credo monoteísta por Maomé, que nasceu e viveu na passagem do século VI para o VII em ambiente de múltipla influência cultural. Ele era mercador e tornou-se o Profeta para os árabes, de forma só comparável a Moisés para os hebreus. Alá, seu deus único e onipotente seria quem dispunha por intermédio do Profeta as definições de certo e errado, os rituais de oração, do jejum e das prescrições de subserviência. O Corão, súmula dos ensinamentos, foi registrado ao longo de sua vida e depois de sua morte por escribas e intérpretes.

A vocação guerreira do Profeta garantiu a difusão primeira da fé e sua relação com o poder, o que se propagou para bem depois dele, a exemplo da já mencionada invasão otomana, tendo o islamismo sido sempre difundido acompanhado da disputa po-

98 EDUCAR PARA O IMPONDERÁVEL

lítica entre inúmeros povos e territórios, do Extremo Ocidente ao Extremo Oriente por tão longo tempo, de fato até o presente. A divisão entre xiitas e sunitas se deu pela disputa de quem herdaria o califado do controle religioso e político, se necessariamente ou não os descendentes de Maomé e, até hoje, também estão associadas a disputa por hegemonia política, como os conflitos atuais entre a Arábia Saudita sunita e o Irã xiita.

Édouard Perroy interpreta a amplitude territorial das conquistas muçulmanas em termos de proximidade climática e cultural:

> Foram submetidos assim, progressivamente, desde o Indo ao Tejo, desde o Mar de Aral ao Senegal, imensos territórios ao quais não podemos negar a similitude climática, seguramente favorável à adaptação dos árabes e à mútua compreensão[38].

Impérios e Civilizações

Tendo sido percorrida a Idade Média, já se pode passar aos períodos anteriores, a começar pelos da Antiguidade romana e grega. Mesmo não tendo promovido progresso técnico em geral, e tendo se beneficiado de exploração predatória, foi sem paralelo na história humana o papel de Roma como difusora de sua língua, de sua cultura jurídica e política e de heranças gregas. Talvez ainda mais do que isso, acabou por ser a principal difusora da cristandade. Aliás, Jesus nasceu numa comunidade de judeus, em território controlado por Roma, sendo seus seguidores perseguidos por muito tempo, muitos inclusive sacrificados e considerados mártires. O cristianismo surgiu como religião de judeus. Tendo Cristo como redentor dos pecadores, cujo perdão só dependia do

---

38. Édouard Perroy, *A Idade Média: A Expansão do Oriente e o Nascimento da Civilização Ocidental. A Preeminência das Civilizações Orientais*, p. 136.

seu arrependimento, e um deus que aceitava a todos em igualdade, se disseminou com grande apelo à plebe e aos escravos.

A longa história do cristianismo teve muitos momentos significativos, desde cedo associados a Roma, como a criação da Igreja por Pedro, discípulo direto de Cristo, e Paulo, um convertido. No entanto, a mais importante relação entre o cristianismo e Roma ocorreu três séculos depois, com a conversão do imperador Constantino, criador da sede do Império no Oriente, que construiu grandes templos por todo o domínio e passou a se identificar com a Igreja e a transmitir a fé cristã junto aos povos que controlava. Não fosse a herança cultural romana e sua identificação com a nova religião, talvez os anos e os dias não fossem até hoje em todo o mundo numerados a partir da presumida data de nascimento de Jesus. De toda forma, o cristianismo se revelou bem mais longevo que o Império que o promoveu.

André Aymard e Jeannine Auboyer descrevem o declínio o Império Romano, especialmente a partir do fim do século IV, a começar pela fragilização política, quando o Estado se burocratiza e conta com um exército romano na sua totalidade, até nos mais altos postos, constituído por mercenários estrangeiros. As invasões bárbaras, a exemplo das migrações dos germanos, completaram as perdas, mas as trocas culturais prosseguiram e, em geral, o cristianismo não teve o mesmo destino do Império, pois se manteve e se difundiu[39].

Bem antes disso, nos séculos de conquistas territoriais e econômicas as leis romanas e sua organização política e jurídica alcançaram e organizaram povos de ampla região, do Norte da África e Sicília ao centro da Europa, da Bretanha à Península

---

39. André Aymard & Jeannine Auboyer, *Roma e seu Império: As Civilizações da Unidade Romana (Fim). A Ásia Oriental do Início da Era Cristã ao Fim do Século II.*

Ibérica. Parte desses territórios haviam sido de Cartago e da Grécia, cuja herança fez parte importante da cultura romana, mas com quem teve duras refregas ao longo dos séculos. Roma mesma não constituiu polo produtivo e sim centro comercial, com base em produtos confiscados ou recebidos como impostos. A maior parte da riqueza de Roma foi resultado de pilhagem, ainda que ela também conduzisse comércio com o Norte da Europa, a China e a Índia, para o que abriu estradas e constituiu frota de grandes navios, recebendo produtos básicos ou de luxo em troca de ouro ou escravos. Roma não estava na vanguarda das técnicas, se comparada com a Índia ou a China, sendo suas inovações mais de natureza urbanística e arquitetônica, construindo muralhas, aquedutos e pontes. Ainda durante a República, mas também ao longo do Império, Roma viveu significativa transformação cultural na arquitetura e nas artes, sendo crescentemente helenizada e gradativamente passando por um sincretismo religioso, talvez desde cedo por conta dos etruscos, portadores da herança grega.

Geoffrey Blainey descreve que "estradas romanas muito bem construídas estendiam-se ao longo da costa do Norte da África, contornando boa parte da costa norte do mediterrâneo até os distantes rios Danúbio e Eufrates"[40]. André Aymard e Jeannine Auboyer apontam que a influência grega chega "com toda certeza, por intermédio dos etruscos e dos povos itálicos, onde o helenismo exercia profunda influência, sobretudo sobre os primeiros"[41].

O surgimento de Roma, portanto, no primeiro milênio antes de Cristo, em parte se deve à herança dos etruscos, que migraram da Ásia Menor trazendo habilidades equestres, a metalurgia do ferro e algo da cultura grega, tendo dominado a Península até a

---

40. Geoffrey Blainey, *Uma Breve História do Mundo*, p. 87.
41. André Aymard & Jeannine Auboyer, *Roma e seu Império: O Ocidente e a Formação da Unidade Mediterrânea*, p. 272.

metade do milênio. Foi quando se fundou a República, de fato uma oligarquia conquistadora que escravizava povos dominados e se organizava em três classes: os patrícios, que constituíam a cidadania controladora do Estado e das finanças; os cavaleiros, guerreiros responsáveis pela defesa e pelas invasões; e a plebe, em boa parte miserável, mas mantida pelo Estado. Os conflitos entre essas classes resultaram em prolongadas crises até a fundação do Império Romano no século I antes de Cristo.

É preciso também fazer menção aos hebreus, ou judeus, de cuja religião surge a cristã. O povo hebreu, nômade e criador de ovelhas em pastagens à beira de desertos, vindo possivelmente das proximidades do Golfo Pérsico, passou repetidamente pela condição de migrante, sendo expulso ou obrigado a fugir, como lhe aconteceu no Egito, onde havia sido escravizado. Os hebreus teriam sido conduzidos por volta de 1200 a.C. para a Terra Prometida, Israel, por seu líder político e religioso, Moisés, a quem se atribui ter sido o portador dos Dez Mandamentos do seu deus único, Jeová.

Em Israel, os judeus tiveram momentos de prosperidade, mas foram submetidos aos romanos no século I a.C. e esperavam que seu deus um dia resgatasse seu povo das muitas provações, enviando-lhes o Messias, um novo profeta. Jesus teria sido esse redentor, pagando com sua morte os pecados de quem tivesse fé, mas seu reconhecimento inicial se deu apenas entre alguns judeus, tendo sido exatamente Roma, como se viu, quem propagaria sua condição de filho do deus dos judeus. A peregrinação dos judeus prosseguiu e os difundiu por todo o Ocidente, e sendo um povo particularmente letrado por apego a seus textos e suas tradições, sua participação no mundo das artes e ciências foi e tem sido sempre relevante. Talvez por sua forte identidade cultural e religiosa associada à sua relativa riqueza por conta de habilidades comerciais e financeiras, têm sido continuamente perseguidos, sendo o Holocausto na Segunda Guerra somente um episódio recente de sua saga milenar.

Deixando os romanos e seguindo em direção ao passado, não é um salto tão grande recuar aos principais precursores da cultura que herdaram, ao seja, aos gregos. Em seu último período, na passagem para o século IV a.C., quando começa a declinar a Grécia clássica, Atenas perde protagonismo, iniciando uma monarquia em que Alexandre foi o simbólico condutor de uma nova civilização que transforma e amplia a precedente, especialmente em direção ao Oriente.

A colonização praticada pelos gregos resultava na disseminação de cidades gregas por onde chegassem, tendo dominado todo o Sul da Europa, incluído o Oriente Médio e a Ásia Menor. No Norte da África, Alexandria, principal herdeira e difusora da cultura grega e polo cultural da Antiguidade, abrigou a mais famosa biblioteca de todos os tempos e alguns dos maiores pensadores de sua época, tendo acolhido diversas vertentes culturais, como a egípcia e a judaica, e lançado sementes que vieram a germinar muitos séculos depois. O legado grego é tão amplo que chega a ser temerário apontar seus limites. Geffrey Blainey aponta com simplicidade um aspecto central: "Talvez a maior influência exercida pela civilização helenística tenha sido o Império Romano"[42].

A Grécia envolveu vários povos frequentemente em conflito, mas com trégua periódica por ocasião dos jogos olímpicos que, de certa forma, imprimem a marca da unidade em torno de uma diversidade de organizações políticas e de cultos, com alguns deuses comuns e outros regionais. Depois de sua porção oriental passar mais de meio século sob domínio persa, pode-se tomar a vitória

---

42. Geoffrey Blainey, *Uma Breve História do Mundo*, p. 72.

sobre os Persas na Batalha de Salamina, no século V a.C., como um marco de fundação da Grécia clássica.

Característica central da civilização grega é a variedade de cidades-Estado, entre as quais Atenas se destacava por sua notável criação cultural, cujo apogeu se deu entre os séculos VI e V a.C. Além de sua profunda contribuição artística e filosófica, também iniciou o fabrico e uso de moedas, impulsionando assim o comércio, e por sua política é justo vê-la como berço da noção de democracia, ainda que fosse uma democracia só para os cidadãos, o que não envolvia não atenienses e, evidentemente, nem escravos. André Aymat e Jeannine Auboyer estabelecem os limites dessa democracia: "Sua doutrina parece apresentar traços de universalismo. Sua aplicação, porém, permaneceu restrita, não se estendendo sequer aos homens que, instalados permanentemente, por vezes há gerações, no seu território"[43].

A civilização grega, em sua fase arcaica, teve seus primórdios no século VIII a.C. a partir de vários povos do Mar Egeu. De início agrária, com o aperfeiçoamento da navegação tornou-se comercial, conquistadora e escravocrata. Suas notáveis artes, como a literatura e a escultura, logo se manifestaram. Na visão de Gombrich:

> A grande revolução da arte grega, a descoberta das formas naturais e do esforço, ocorreu numa época que é, certamente, o mais assombroso período da história humana. É a época em que o povo das cidades gregas começou a contestar as antigas tradições e lendas sobre os deuses, e a investigar sem preconceito a natureza das coisas.

O autor também associa esse tempo a um grande despertar da cultura: "É o período em que a ciência, tal como hoje enten-

---

43. André Aymard & Jeannine Auboyer, *O Oriente e a Grécia Antiga: O Homem no Oriente Próximo*, p. 176.

104 EDUCAR PARA O IMPONDERÁVEL

demos o termo, e a filosofia, despertam pela primeira vez entre os homens"[44].

As civilizações antecedentes, como a da China, do Egito, da Mesopotâmia e do Oriente Próximo, têm histórias próprias e interdependentes tão ricas quanto a grega, merecendo ser também brevemente comentadas. A China foi por muitos séculos um conglomerado de inúmeros Estados independentes envolvidos em conflitos, mas no primeiro milênio a.c. passou por um grande desenvolvimento técnico e cultural na agricultura, na metalurgia, na tecelagem e na matemática. Entre os séculos VIII e V a.c., uma sucessão de guerras foi reduzindo o número de Estados e no século II a.c. unificou-se, mas manter sua unidade política foi sempre difícil, assim como defender-se da predação externa, razão para a construção da famosa muralha da China, de mais de seis mil quilômetros.

A civilização egípcia, com várias etapas distintas, percorreu do quarto milênio a.c., desde a ocupação do Vale do Nilo, até o domínio romano, precedido por dominação assíria e persa. Sua religião, com crença na vida após a morte e forte apelo ao culto de animais e a personagens cósmicos, persistiu a todas essas modificações, passando por diferentes dinastias, e só sucumbiu afinal ao cristianismo e em seguida ao islamismo. A divindade atribuída ao rei (o faraó), quando de sua coroação, lhe concedia a filiação do deus Sol e as funções de ordenador de todos os sacerdotes, defensor da pátria, coordenador dos dispêndios com os templos e cerimônias religiosas e administrador dos impostos recebidos das comunidades de lavradores, geralmente por meio de sacerdotes locais, que também eram chefes políticos.

A economia egípcia era centralmente agrária, mas contava com oficinas de diferentes especialidades, da tecelagem à cerâ-

---

44. E. H. Gombrich, *A História da Arte*, p. 82.

mica. As artes deixaram legados significativos, em associação à arquitetura, com registros de sua história e práticas rituais. O comércio exterior por muito tempo era quase prerrogativa dos governantes, o que confinou o Egito faraônico por muito tempo. A obediência estrita e o regime de castas familiares garantiam a mão de obra braçal, sendo a escravatura praticada unicamente sobre estrangeiros conquistados. Não raro, a profunda desigualdade provocou revoltas duramente reprimidas, e o fim da civilização egípcia se deve à mesma razão de sua longa duração: a força da tradição que a impediu de se modernizar. André Aymard e Jeannine Auboyer diagnosticam:

> Por haver durado mais do que qualquer outra civilização antiga, a civilização egípcia não deixa de estar igualmente morta [...], incapaz como era, não só de renovar-se. [...] Homem e progresso: duas ideias, noutras partes associadas e triunfantes, mas que, como sempre as ignorou, não podiam ser assimiladas[45].

Desde o século V a.C., teve enorme influência na China um pensador extremamente original sem pretensão a líder religioso, Confúcio, filósofo que propôs uma ética social fundada em delicadeza e hierarquia, com orientações sobre a conduta e responsabilidade dos governantes, ideias que influenciam a cultura chinesa possivelmente até o presente, mesmo consideradas as profundas transformações ao longo de dois milênios. Não contraditoriamente, surge em sequência o pensamento filosófico do Tao, "o caminho", que compreende qualquer totalidade como resultado da ação dos opostos dialéticos, o Yin e o Yang, que inspira até hoje diferentes pensadores, tendo sido popularizado pelo I Ching,

---

45. André Aymard & Jeannine Auboyer, *O Oriente e a Grécia Antiga: As Civilizações Imperiais*, p. 185.

106 EDUCAR PARA O IMPONDERÁVEL

o Livro das Mutações, que reúne na forma de oráculo princípios milenares, associando ciclos naturais às relações familiares e de poder da velha China. No entanto, o conhecimento da China foi mais comumente negligenciado no Ocidente.

H.G. Creel afirma:

> Por um século nós do Ocidente progressivamente ignoramos esse povo orgulhoso, inteligente, sensível e potencialmente poderoso. Nós menosprezamos sua cultura (sem saber nada sobre ela), tratamos seu governo como marionete e seu povo como joguete. Hoje, pagamos caro por isso[46].

Veja-se que ele escreveu isso logo depois da revolução socialista, mas essa frase continua fazendo sentido hoje, com a China despontando como uma das grandes potências econômicas, e com perspectivas de se tornar a maior delas.

Já a Índia abrigava no primeiro milênio a.C. uma das maiores populações do mundo, o que ocorre até hoje. Assim como a China se desenvolveu em torno do Rio Amarelo, a Índia o fez em torno do Indo e depois do Ganges, com terras férteis em suas fozes. Sua formação étnico-cultural dependeu, em tempos remotos, entre os séculos XVIII e X a.C., de sua invasão pelo povo aria, vindo do Oriente Médio, que dominara as populações indígenas e trouxera o sânscrito como idioma. A unidade da Índia se fundou mais em tradições e crenças do que em armas, tendo por séculos cultivado organização social em castas e religião baseada nos Vedas, sabedorias, que por muitos séculos foram transmitidas oralmente e resultaram no hinduísmo, uma espécie de síntese das tradições indianas, com a crença em aperfeiçoamento em sucessivas reen-

---

46. H. G. Creel, *Chinese Thought in Modern World* [O Pensamento Chinês no Mundo Moderno], p. 14.

carnações e mais tarde em outras vertentes. A cultura da Índia foi menos negligenciada no Ocidente que a da China, mas quase que unicamente em suas dimensões místicas e filosóficas. Seu processo de independência, já no século XX, fortemente influenciado por lideranças como a de Mahatma Gandhi, também veio acompanhado de grande desenvolvimento social. Aliás, a despeito de sua modernização, associada a contínuo crescimento econômico, especialmente nas últimas décadas, ainda hoje persistem preconceitos de casta e diferentes conflitos sectários.

No século V a.C., nasceu no Nepal um personagem importante para a história religiosa da Índia e, a partir de lá, para todo o Oriente. Trata-se de Sidarta Gautama, o Buda. De origem abastada, abandonou família e posses para uma vida nômade de renúncia material, pregando a negação dos desejos, um esvaziamento de toda ambição que conduziria ao bem-estar supremo, o Nirvana. Opondo-se ao regime de castas e não favorecendo os poderosos, tornou-se, como Jesus, popular entre os pobres. Outra semelhança entre o budismo e o cristianismo, foi o fato de ambos terem sido adotados e propagados por um poderoso rei. Geoffrey Blainey conta que o rei Ashoka, que se tornara governante de toda uma região, "espalhou sua [de Sidarta] mensagem religiosa. Um rei com poder absoluto é o mais persuasivo de todos os missionários, e em curto prazo"[47]. O que Blainey não disse, mas vale a pena acrescentar, é que o rei Ashoka está para o budismo como o imperador Constantino está para o cristianismo.

Não tão distante no tempo, ao longo do século VI a.C., se revelou a ambição dominadora dos persas, um povo indo-europeu originalmente nômade, que vivia há mais de um milênio entre a Índia e a Mesopotâmia com relações de submissão ou de parceria

---

47. Geoffrey Blainey, *Uma Breve História do Mundo*, p. 85.

108 EDUCAR PARA O IMPONDERÁVEL

com medas e babilônios. Quando um seu rei, Ciro, iniciou uma série de conquistas prosseguidas por seus sucessores, produziu um império de povos muito diferentes entre si, uma civilização de civilizações que, ainda que centrada mais próxima à Mesopotâmia, dominava todo o Oriente Médio e parte do Sul da Europa, incluída a parte oriental da Grécia e o Egito. Sendo tantos e tão variados seus domínios, seus controles eram atribuídos a representantes do rei, os sátrapas, também responsáveis pelo recolhimento e envio dos impostos.

Com a dificuldade de impor seu idioma, o persa, difundiu-se o aramaico do Império para o Oriente Próximo, língua que já havia sido adotada pelos assírios. O Império Persa se centrava em uma religião muito singular, um sincretismo que envolvia divindades do bem e do mal, um reino de luz e outro de trevas, mas os persas praticaram ampla tolerância com as crenças das populações que submeteram. Curiosamente, no Império Persa surgiu um reformador religioso, Zoroastro (ou Zaratustra), que se opôs a cultos sangrentos e contestou o culto oficial liderando uma fé monoteísta em um deus onipotente imaterial, com um conjunto de princípios que lembram outras crenças que, diferente da sua, se perpetuaram e se difundiram. André Aymard e Jeannine Auboyer contam que, na concepção de Zoroastro, "deve o homem combater as forças do mal; a este preço alcançará a felicidade, após o juízo final". Acrescentam ainda: "O homem de devoção é santo; pela inteligência, pelas palavras, pela ação, pela consciência, acrescenta a justiça"[48]. Vê-se nisso semelhança com as ideias por Confúcio, ao lado de outros princípios dos cultos judaico-cristãos.

---

48. André Aymard & Jeannine Auboyer, *O Oriente e a Grécia Antiga: As Civilizações Imperiais*, p. 317.

A concomitância de persas e gregos foi razão de contínuos conflitos, mas também de algum convívio, tendo sido a Pérsia um caminho de passagem para outras culturas, como a da Índia, mas os confrontos foram sempre desestabilizadores para ambas as civilizações, culminando com a expedição de Alexandre que impõe a superioridade bélica grega. A maior fragilidade persa pode ter sido a falta de estrutura econômica e unidade monetária, sendo as riquezas confinadas em tesouros, de parte dos quais Alexandre se apoderou.

As civilizações mais antigas são certamente responsáveis por muito do que as sucedeu e por isso mereceriam atenção maior do que será possível desenvolver nesse rápido percurso em direção ao passado. O estudo de cada uma delas apresentaria uma enorme complexidade de relações, como se pode ilustrar com o que se sabe sobre os milenares fenícios que, entre outras coisas, por volta do fim do século VIII a.C., portanto há mais de três mil anos, teriam inventado o alfabeto, representando letras ao invés caracteres cuneiformes. E, como tantas outras civilizações, eles passaram por inúmeras vicissitudes, especialmente em função de invasões e dominações estrangeiras. André Aymard e Jeannine Auboyer sintetizam essas turbulências numa frase:

Apenas o esboroamento dos grandes impérios egípcio e hitita, por volta do fim do século XII, permitiu às cidades fenícias uma existência independente. Essa foi breve. Tiveram de sofrer, com o tempo, as dominações assíria, neobabilônica e persa, antes de cair nas mãos dos gregos e, depois, dos romanos[49].

O mesmo poderia ser dito sobre os arameus, cuja língua também difundida pelos persas foi base para um idioma geral do

---

49. André Aymard & Jeannine Auboyer, *O Oriente e a Grécia Antiga: O Homem no Oriente Próximo*, p. 58.

Oriente, valendo lembrar que Jesus falava aramaico, não hebraico, que talvez só compreendesse. Não sendo possível lidar em detalhes com civilizações desse passado profundo, pode-se repassar brevemente as do Egito, da Mesopotâmia e do Oriente Próximo ou Ásia Menor. As primeiras duas foram beneficiadas por condições naturais propícias: dispunham de vales férteis de rios, o Nilo para os egípcios e os Tigre e Eufrates para os mesopotâmios, e estavam protegidas por inóspitos desertos.

A civilização mesopotâmica, à qual se deve, entre outras, a invenção da roda, careceu quase todo o tempo de qualquer unidade, por isso foi menos estável e duradoura, como os impérios sumérios, aos quais se devem os primeiros registros escritos e a divisão do dia em 24 horas. A eles se sucederam os babilônicos do famoso rei Hamurabi, que estabeleceu uma divisão de poderes com seus príncipes, por fim assoberbados pela violência dos assírios. Seus soberanos eram sempre os chefes militares máximos e também os intermediários diretos dos deuses, pois seriam indicados por eles. O exército assírio foi pioneiro na organização da tropa em cavalaria, infantaria de arqueiros e lanceiros, bem como de sapadores que abrem caminhos.

Não há como tratar com o cuidado merecido toda a herança desse período, mas há uma importante lição que se pode extrair da sucessão de invasões e da sequência de impérios: assim como os persas depois absorveram conhecimentos e práticas militares dos assírios, esses dependeram das heranças dos babilônios, como sua metalurgia, tecelagem, e com o famoso Código de Hamurabi, elaborado no primeiro milênio a.C., e difundido a regiões distantes, como instrumento de organização jurídica e mesmo comercial. André Aymard e Jeannine Auboyer apontam que "a reputação propriamente jurídica do Código, foi enorme em todo o Oriente Próximo. Transcrito em tabuinhas, expandiu-se até muito longe, indo influenciar a legislação de povos estranhos ao império de Hamurabi"[50].

O Oriente Próximo abrigou a emergência de diferentes impérios, alguns relativamente efêmeros, mas se destaca a importância dos hititas, de grande habilidade equestre e construtiva. Regionalmente situados entre os mesopotâmios e os persas, os hititas chegaram, entre os séculos XIV e XIII a.C., a dominar assírios e babilônios. Seus governantes também eram mensageiros dos deuses, mas o que distingue sua religião é o fato da divindade suprema ser feminina, a deusa-sol, e o que distingue seu Estado dos seus contemporâneos é a existência de uma assembleia de nobres com poderes de justiça. Seu império se desfez por conta de invasões indo-europeias, sendo sucedido por frígios e lídios, estes últimos muito próximos da civilização grega.

O grau de organização social nos primórdios da civilização pode ser associado ao número de habitantes em um mesmo assentamento. Yuval Noah Harari relata que

[...] por volta de 8500 a.C., os maiores assentamentos do mundo eram vilarejos, como Jericó, com algumas centenas de indivíduos. Em 7000 a.C. a cidade de Çatal Hüiü, na Anatólia tinha entre cinco mil a dez mil indivíduos. [...] Durante o quinto e o quarto milênio antes de Cristo, cidades com dezenas de milhares de habitantes floresceram no Crescente Fértil[51].

Houve impérios com cerca de um milhão de habitantes há bem mais de quatro mil anos, como é o caso do acadiano, que antecedeu assírios, babilônicos e persas.

---

50. André Aymard & Jeannine Auboyer, *O Oriente e a Grécia Antiga: As Civilizações Imperiais*, p. 254.

51. Yuval Noah Harari, *Sapiens: Uma Breve História da Humanidade*, p. 112.

112 EDUCAR PARA O IMPONDERÁVEL

Dessas civilizações ainda restam monumentos e outras estruturas, mas quando se procura acompanhar a aventura humana em milênios mais remotos, entra-se na pré-história, ou seja, em períodos cuja compreensão depende interpretação de configurações remanescentes de antigas ocupações e de achados em sítios arqueológicos, lançando um outro olhar sobre a trajetória da espécie, anterior às civilizações propriamente ditas.

"As repetidas menções feitas a 'civilização' sugerem que se procure uma sua definição essencial para conceituar essa etapa do desenvolvimento humano", como afirma Niall Ferguson. Para ele:

> [...] uma civilização é a maior unidade de organização humana, maior até que um império, embora mais amorfa. As civilizações são, em parte, uma resposta prática das populações humanas a seu meio – os desafios de se alimentar, se hidratar, se abrigar e se defender –, mas também são de caráter cultural; muitas vezes, ainda que nem sempre, religioso; muitas vezes, ainda que nem sempre, unidas por uma língua.

Por conta desse caráter "cultural", civilizações envolvem, portanto, tanto técnicas quanto éticas. Ferguson lembra ainda que essas civilizações são poucas mas não raras, conhecem-se dezenas delas e "a interação dessas poucas civilizações umas com as outras, e também com seu próprio meio, está entre os motores mais importantes das transformações históricas"[52].

Essas civilizações surgiram em diferentes partes do globo. Nas Américas, por exemplo, depois de milênios como caçadores e coletores, extinguindo grandes mamíferos como em outras partes, somente em torno do nono milênio a.C. há registros de atividades agrícolas, sobretudo do milho e da criação de animais, que dão início a uma civilização andina. Como nos diz Barbara Egidati:

---

52. Niall Ferguson, *Civilização: Ocidente x Oriente*, p. 27.

A passagem à agricultura foi, pois, um processo gradual, sendo difícil datar seu início. [...] Uma outra transformação que geralmente vem associada à agricultura foi a domesticação de animais selvagens [...] enriquecendo a dieta humana. [...] No Peru, a prática da criação de camelídeos (alpacas, vicunha e guanacos, os antepassados da lama) começou no VI milênio a.C.[53].

A pergunta para se prosseguir rumo ao passado seria: de onde terá vindo essa gente que fundou civilizações, religiões e impérios? Questões como essa são de caráter arqueológico e antropológico, não mais histórico, e uma comparação metafórica entre o percurso feito até aqui e o avançar sobre passado tão mais remoto seria que já não se conta com imagens relativamente claras, pois agora se vai tentar vislumbrar silhuetas distantes ao cair da noite do horizonte visual. Indiscutivelmente, há uma mudança de foco muito significativa, que será de ver o ser humano como uma espécie entre outras e seu gênero como um entre outros.

O que se descreveu sobre a história e parte da pré-história dependeu de diferentes interpretações feitas por diferentes estudiosos e, ainda que baseado em registros e outras evidências, continua sendo objeto de visões contraditórias e interpretações diversas. No entanto, o que se procurará trazer na próxima seção, as cogitações sobre os trajetos e o surgimento da atual espécie humana e das demais espécies que as antecederam dependem de investigações de vestígios muito mais escassos e esparsos do que aqueles com que contam os historiadores, razão pela qual há ainda mais hipóteses e interpretações contraditórias que as existentes sobre a história.

---

53. Barbara Egidati em Elisabetta Bovo (org.), *Grande História Universal: O Princípio da Civilização*, pp. 40-41.

ANTECEDENTES E ANCESTRAIS

Até há pouco se acreditava que a atual espécie humana, a do *Homo sapiens*, só teria migrado há cerca de cem mil anos da África, onde surgiu; mas recentemente se noticiou a descoberta, no Oriente Médio, de arcada dentária cerca de duas vezes mais antiga, de forma que controvérsias como essa devem ser tomadas com naturalidade e sem pressa de chegar a certezas definitivas. Além disso, quando se afirma que seres humanos de diferentes espécies "foram para a Europa" ou para "foram para a Ásia", entenda-se que são "viagens" de muitos milhares de anos, com gerações se revezando em sua realização. No fim do século XIX uma viagem como essa levaria meses, trocando algumas vezes de navio; hoje, uma família viaja do centro da África para a Ásia em um dia ou dois, possivelmente trocando de aeronaves na Europa.

Há 1,8 milhão de anos, a espécie *Homo erectus* pode ter levado cem mil anos para chegar à Ásia. Incontáveis gerações desta e das outras espécies humanas se sucederam para se difundir entre continentes. Ou seja, ninguém pessoalmente saiu da África e foi para a Ásia, nem sequer seguia um roteiro, pois as espécies se espalhavam de forma aleatória, sendo que nem mesmo os bisnetos dos bisnetos dos bisnetos daqueles que "começaram a viagem" chegaram a seu final. Geoffrey Blainey explica que esse deslocamento:

> Era mais uma corrida de revezamento do que uma longa caminhada. É possível que um grupo de talvez seis ou doze pessoas avançasse uma pequena distância e decidisse se estabelecer naquele lugar. Outros vinham, passavam por cima delas ou impeliam-nas para outro lugar. O avanço pela Ásia pode ter levado de dez mil a duzentos mil anos[54].

---

54. Geoffrey Blainey, *Uma Breve História do Mundo*, p. 8.

Trata-se de uma espécie e de uma "viagem" muito anteriores às do *sapiens*, mas nenhuma das espécies "planejava viajar", e sim se moviam à procura de comida, sem rumo certo, alguns grupos para o Norte e outros para outras direções.

No início da civilização, a atual espécie humana, surgida na África há algumas centenas de milhares de anos, já estava espalhada em quase todo o mundo: somente na Europa e no Oriente Médio há bem mais de cem mil anos e, há mais de vinte mil anos, em todos os continentes. Assim, há cerca de dez mil anos, quando se estabeleceram as primeiras nações, os *sapiens* já tinham promovido em várias partes do mundo várias e decisivas revoluções produtivas e culturais, que não foram concomitantes para toda a espécie, pois diferentes povos numa mesma época poderiam não ter ainda realizado nenhuma delas, de forma que *sapiens* de diversas regiões estavam em estágios diferentes, assim como por milhares de anos conviveram com diferentes espécies *Homo*.

As mais recentes dessas revoluções foram agrícolas e pecuárias, como se viu, em que caçadores-coletores começaram a semear alguns vegetais em lugar de simplesmente colhê-los e a criar alguns animais além de caçá-los, fixando-se em regiões propícias a plantios e pastagens, tornando-se assim mais sedentários, ou seja, menos nômades. Antes que técnicas de preparo do solo fossem desenvolvidas, as regiões favoráveis foram naturalmente beiras de grandes rios, como o Nilo e o Eufrates ou o Ganges e o Yangtzé, que em suas vazantes deixavam terras úmidas e prontas para a semeadura. Não por acaso essas regiões abrigaram importantes civilizações poucos milênios mais tarde, e certamente foram os caçadores-coletores que espalharam a espécie *sapiens* por todo o mundo, em sua perambulação aleatória, muito antes de se tornarem sedentários. Isso aconteceu em épocas bem diferentes em cada região: Yuval Noah Harari apresenta um mapa de épocas

116 EDUCAR PARA O IMPONDERÁVEL

aproximadas de revoluções agrícolas pelo mundo, sendo as mais antigas no Oriente Médio (nove mil anos) e na China (sete mil anos), e as mais recentes no Noroeste sul-americano (3 500 anos) e no Sudeste norte-americano (dois mil anos)[55].

A migração dos *sapiens*, tanto quanto a das outras espécies humanas, sempre foi condicionada às possibilidades apresentadas em cada etapa de sua jornada. Pode ser que condições geológicas tenham possibilitado cruzar um trecho de oceano antes de dominar a navegação, por exemplo, um período de baixa no nível dos oceanos que deixaram seco um estreito ou uma glaciação, como a ocorrida há vinte mil anos, em que o estreito esteve coberto de gelo. Também o tipo de desenvolvimento que puderam experimentar dependeu do que estivesse disponível na região para onde migraram, por exemplo, não poderiam ter surgido pastores onde não houvesse animais domesticáveis. Um processo comum a todas as regiões ocupadas foi o efeito da presença do *sapiens* sobre as demais espécies de animais, pois sua chegada sempre correspondeu à extinção dos grandes mamíferos e, mais tarde, com a agricultura e a pecuária, à seleção de espécies.

Bem antes, a mais importante revolução por que passaram os *sapiens*, mais antiga, entre setenta e trinta mil anos atrás, foi a revolução cognitiva ou da razão, também chamada de explosão cultural ou de grande salto, que consistiu no domínio da linguagem simbólica e ficcional, concomitante com a elaboração de imagens com o surgimento das artes, geralmente associadas a rituais religiosos relativamente elaborados. Há evidências de que hábitos alimentares, como o consumo de carne, contribuíram para o crescimento do cérebro, assim como para maiores habilidades manuais e fabris, como parte de uma recíproca articulação no processo evolutivo da espécie. Nada disso precisa excluir a humani-

55. Yuval Noah Harari, *Sapiens: Uma Breve História da Humanidade*, p. 89.

dade de evoluções biológicas, não impedindo, portanto, que mutações, ou seja, alterações genéticas casuais, possam ter tido papel nas transformações pelas quais passaram e, em princípio, poderão continuar passando, sejam elas causadas por acidentes aleatórios, por fatores culturais e ambientais, ou por intervenções deliberadas em nível molecular. De acordo com Yuval Noah Harari:

> [...] a teoria mais aceita afirma que mutações genéticas acidentais mudaram as conexões internas do cérebro dos *sapiens*, possibilitando que pensassem de uma maneira sem precedentes e se comunicassem usando um tipo de linguagem completamente novo[56].

Talvez essa suposta mutação genética possa ser considerada como a verdadeira Eva da atual espécie humana.

Tudo indica que, sem a nova linguagem simbólica, não teria sido possível o surgimento de religiões mais elaboradas nem a formação de civilizações. Como se viu ao se tratar dos primeiros impérios, praticamente todo potentado era ao mesmo tempo o emissário dos deuses ou ele mesmo um deus, e não haveria como estabelecer tal compreensão coletiva de hierarquia e obediência sem a correspondente formulação abstrata das relações de poder, só possível depois da revolução cognitiva.

As primeiras obras de arte, de "artistas paleolíticos", por assim dizer, eram desenhos de animais. Arnold Hauser identifica neles uma intenção de propiciar a caçada:

> Todas as indicações apontam, mais exatamente, para o fato de que se tratava do instrumento de uma técnica mágica. [...] [O "artista"] acreditava que o animal verdadeiro realmente sofria a morte do animal retratado na pintura[57].

---

56. Yuval Noah Harari, *Sapiens: Uma Breve História da Humanidade*, p. 30.
57. Arnold Hauser, *História Social da Arte*, p. 4.

118 EDUCAR PARA O IMPONDERÁVEL

Mas Hauser não pensa que as pinturas tratavam inicialmente de algo religioso, pois na época não haveria ainda as demais condições para isso. Só bem mais tarde, no neolítico, a arte estará associada a "ícones, amuletos, símbolos sagrados, oferendas votivas, oferendas fúnebres e monumentos funerários"[58].

A nova humanidade *sapiens*, que "despertou" na África nessa revolução cognitiva, migrou para o Norte, tendo convivido na Europa com outra espécie humana sua próxima, o neandertal, que lá chegara bem antes e que também tinha suas ferramentas e seus rituais, ou seja, que também era "gente". As duas espécies conviveram por dezenas de milhares de anos e podem ter se miscigenado, mas o neandertal desapareceu há cerca de trinta mil anos, possivelmente deslocado pelo *sapiens*. Talvez cerca de uma dezena de espécies humanas tenha produzido ferramentas elementares, utilizado o fogo, cuidado de idosos e mantido rituais, antecedendo o *sapiens*, que conviveu com várias delas, por exemplo, com o Hominídeo de Denisova quando chegou à Sibéria, e com o *Homo erectus* quando chegou à Ásia, esta última a espécie humana mais longeva de todas, que sobreviveu mais de dois milhões de anos. O cruzamento com algumas dessas outras espécies talvez responda por parte das diferenças entre humanos atuais.

Como a especiação é processo gradativo, não se sabe ao certo quais diferentes humanos podem ter tido eventuais crias férteis quando cruzados com o *sapiens*, mas pesquisas com comparação de DNA atualmente em curso poderão revelar o quanto e quais outras espécies *Homo* são suas parentes diretas. Também não se sabe se o *sapiens* foi responsável pela extinção de todas as demais espécies humanas, mas é certo que só ele sobreviveu. Mais distante no tempo, e também por isso menos claro, é o surgimento do gênero

58. *Idem*, p. 12.

Homo, ou seja, sua separação dos demais primatas que o antecederam, sempre lembrando que, inicialmente, não se distinguia muito dos demais com os quais competia, que igualmente andavam em bandos, comiam frutos e outros animais, e que tiveram ancestrais comuns, como os chimpanzés.

É ampla a concordância científica sobre a emergência das espécies humanas em região central da África ser resultado de mutações e seleções de uma ou mais espécies. No entanto, até hoje há controvérsias quanto à importância dos múltiplos fatores que condicionaram o desenvolvimento para a configuração atual do *sapiens*, quanto ao peso relativo de mutações genéticas, cultura, diferenciação entre raças, ambientes naturais cambiantes, migrações e miscigenações, como fatores concomitantes.

Ainda que raças possam ter surgido de confinamentos geográficos, não é mais possível demarcá-las dada a difusa miscigenação ao longo da história humana. Como todas as demais espécies, a dos humanos tem sofrido continuamente mutações aleatórias e subsequente seleção por condições ambientais. Os mesmos genes que correspondem a características físicas, como porte, pigmentação, ou mesmo morbidades como anemia falciforme, podem ser igualmente responsáveis pela imunidade a doenças infecciosas como malária e viroses. E epidemias para as quais um grupo mutante seja imune levam a sua seleção e proliferação, mecanismos bem descritos por Theodosius Dobzhansky em seu livro *O Homem em Evolução*[59].

O neodarwinismo, que será mais especificamente discutido adiante, é o recurso analítico para avançar em direção a um passado mais remoto. Uma primeira questão é relativa à emergência das espécies do gênero humano e do conjunto dos primatas ao

---

59. Theodosius Dobzhansky, *O Homem em Evolução*, São Paulo, Editora Polígono, 1968.

120 EDUCAR PARA O IMPONDERÁVEL

longo de alguns milhões de anos. Diferentemente de épocas mais recentes, em que se podem investigar esculturas, edificações e outros registros, eventos de milhões de anos só contam com ossos fossilizados, como arcadas dentárias e crânios, por vezes junto a peças que revelam práticas de vida como ferramentas, assim como o local dos achados, que faz parte das evidências exploradas.

O passado humano distante recebeu classificações pelo tipo de instrumentos utilizados, como os de pedra polida, no neolítico, ou os de pedra lascada, no paleolítico, ou seja, analisa-se o desenvolvimento cultural, mais do que o biológico. No entanto, o desenvolvimento biológico pode contar com análises de estruturas moleculares, especialmente as de organelas responsáveis pela energética celular, as mitocôndrias, cujo DNAm se mantém inalterado entre gerações pois, diferentemente do DNA do núcleo das células, as mitocôndrias são parte do equipamento da célula-ovo da mãe, herdado sem alterações na reprodução sexual. Essa técnica de análise parece sinalizar para a existência de uma "Eva primordial" africana.

Stephen Stearns e Rolf Hoekstra partem da hipótese de que o gênero *Homo* se separou da dos chimpanzés há cerca de cinco milhões de anos e relatam um estudo "que sugeriu que o ancestral molecular de todas as moléculas de DNAm humanas viveu há duzentos mil anos"[60]. Outros estudos similares parecem ampliar para mais perto de trezentos mil anos o tempo dos *sapiens* na Terra. É interessante essa metáfora de uma Eva primordial, pois as mitocôndrias são herdadas em linha matrilinear, sem relação com ancestrais machos, pais ou avôs.

As transformações que levaram ao gênero *Homo* a partir de mutações, tanto quanto quaisquer outras evoluções entre espécies, foram gradativas e devem ser pensadas como processos comple-

---

60. Stephen Stearns & Rolf Hoekstra, *Evolução: Uma Introdução*, p. 307.

xos associados ao ambiente natural em que se realizaram. Aliás, há hipóteses de que os *sapiens* possam ter tido diversas origens independentes, ou seja, quem sabe mais de uma Eva primordial, além de, como já afirmado, haver evidências de que houve cruzamentos férteis entre *sapiens*, neandertais e outra espécies *Homo*, que migraram anteriormente da África para o Norte, produzindo variedades como diferentes cores de pele e outras características. Portanto, a evolução subsequente dos *sapiens* pode ter sido beneficiária dessa resultante variedade.

Mesmo ancestrais distantes do gênero *Homo*, como os *erectus*, desenvolveram conquistas cognitivas significativas, como nos conta Barbara Egidati:

> Um outro importante sucesso do *Homo erectus* foi a capacidade de controlar o fogo – adquirida há quinhentos mil anos – graças à qual se pôde aquecer, cozinhar os alimentos, proteger-se dos animais ferozes e fabricar utensílios[61].

Enfim, não se deve imaginar uma comunidade de primatas que, de repente, começa a se comportar como "gente", e sim pensar em um longuíssimo período de muitas gerações "polimórficas" em que convivem diversos tipos de mutantes e de não mutantes. Isso vale para toda a evolução, ou seja, para as transformações de todas as espécies ao longo do tempo. A maior parte das mutações resulta em espécimes menos aptos ou mesmo estéreis, mas excepcionalmente algumas alterações propiciam melhores condições de sobrevida e de reprodução fértil, o que gradativamente lhes permite ir tomando o lugar dos não mutantes.

Demorados processos dessa natureza deram origem ao gênero *Homo*, assim como à especiação pela qual os *sapiens* se distingui-

---

61. Barbara Egidati em Elisabetta Bovo (org.), *Grande História Universal: O Princípio da Civilização*, p. 13.

ram de outros *Homo* e foram se estabelecendo em territórios da África central e depois se difundiram por outras partes, em um período de grandes glaciações que interligaram continentes hoje separados. O gênero *Homo* surgiu há mais de dois milhões de anos e os hominídeos bípedes há mais de quatro milhões de anos. Os mais antigos fósseis de australopitecos são datados em cerca de seis milhões de anos e os primeiros fósseis de primatas são dez vezes mais antigos, ou seja, têm em torno de cinquenta milhões de anos, tendo surgido não muito depois de baleias, roedores, morcegos e cães, há cerca de sessenta milhões de anos, época em que Índia e Ásia colidem e que Austrália e Antártica se separam.

A próxima seção fará um mergulho ainda mais ambicioso no tempo, procurará acompanhar a evolução da vida, sempre na contramão cronológica, na perspectiva de bilhões de anos da escala evolutiva, chegando à origem da vida, para em seguida apresentar o que se sabe da evolução da Terra e do surgimento do Sol, como parte da evolução do universo como um todo até onde se conhece ou se faz ideia.

EVOLUÇÃO DA VIDA E DO UNIVERSO

Um questionamento sobre como se constituiu e se desenvolveu a vida que hoje se conhece pode partir de considerações gerais, como dos fatos da água ser essencial para qualquer forma de vida, ou do conjunto dos animais depender de vegetais sintetizarem com a luz solar seu insumo energético, que são características fundamentais da vida, como dependência do meio físico, diversidade e interdependência. Outras simples observações podem também produzir perguntas como por que razão cangurus e coalas existem unicamente na Austrália, ou girafas e rinocerontes na África, o que sinalizaria o caráter geográfico do surgimento ou da evolução das espécies. Falar de surgimento de espécies implica a convicção de que elas surgiram em algum lugar e em algum momento, como na teoria da origem das espécies de Charles Darwin e Alfred Wallace, ou na sua versão contemporânea denominada neodarwinismo.

Uma síntese do neodarwinismo é apresentada por K. J. R. Edwards em seus aspectos centrais, dos quais vale relatar e comentar alguns. "A origem fundamental da variação genética é a mutação" – ou seja, acidentes ao acaso na base molecular de vida, nas macromoléculas de DNA e RNA, a "receita quântica" de cada ser vivo; "Dado que a variação genética é produzida por mutação, as combinações de genes […] serão determinadas pelo sistema de cruzamento" – isto é, dependendo da reprodução ser ou não sexuada; "Se indivíduos apresentam diferenças genéticas, provavelmente mostrarão diferenças fenotípicas" – mudanças genéticas poderão corresponder a mudanças em aspecto e habilidades do espécime mutante; "Alguns fenótipos podem melhor adaptar-se a um ambiente particular do que outros […] e ocorrerão mudanças na composição genética da espécie" – noutras palavras, o ambiente pode selecionar por aptidão os fenótipos que sobreviverem e se reproduzirem mais, eis a seleção natural!; "Mas muita variação genética ainda restará na espécie" – assim, a população resultante poderá ser ainda polimórfica; "A heterogeneidade da seleção agindo numa espécie poderá ser tão marcante que conduzirá à formação de raças e de espécies" – eis a origem das espécies![62]

A evolução de uma espécie não é processo autônomo, pois se dá junto ao desenvolvimento de todo o sistema vivo e geológico do qual é parte, por exemplo, dos outros seres vivos dos quais se alimenta ou que dela se alimentam, das mudanças climáticas e de seu eventual isolamento territorial. Com isso em mente e prosseguindo para o passado, por simplicidade apontando a sequência

---

62. K. J. R. Edwards, *A Evolução na Biologia*, p. 4.

124 EDUCAR PARA O IMPONDERÁVEL

de animais, mas lembrando da necessária evolução concomitante de vegetais ou outros organismos chamados autotróficos, ou seja, capazes de sintetizar a partir do meio a energia de que necessitam. No período bem anterior, que vai de há cerca de 65 a 250 milhões de anos, surgem polvos e tubarões, sapos e salamandras, dinossauros, tartarugas e pássaros, um tempo que vai da abertura do Oceano Atlântico à formação de cordilheiras, como os Alpes, e que se conclui com uma extinção em massa, por processos como vulcões e meteoros, e consequente desaparecimento dos dinossauros.

Sendo a Terra ainda um único continente, Pangeia, cercada por um único oceano, houve uma explosão de diversidade na vida marinha, entre 250 e quinhentos milhões de anos atrás, quando se desenvolveram moluscos e crustáceos, deu-se uma enorme proliferação de peixes, primeiros vertebrados, ocorreu a invasão da terra, o surgimento de répteis e insetos com asas, seguida de grande extinção em massa. Há pouco mais de um bilhão de anos surgiu a reprodução sexuada, um verdadeiro "mecanismo" de produzir diversidade de espécimes, pois cada novo ser passa a ter dotação genética única, sendo que antes a reprodução só produzia diferenças eventuais por "erros químicos" na duplicação da célula germinal. Pouco antes, houve o surgimento dos primeiros seres multicelulares. O sexo, aliás, só se iniciou com organismos denominados eucariontes, ou seja, que têm células em cujos núcleos está toda sua informação genética, diferentemente de seres como bactérias, chamadas de procariontes pela ausência de tal núcleo.

As já mencionadas mitocôndrias, cujo DNAm não se altera entre gerações, são organelas que desempenham importantes funções em células de organismos eucariontes, como os humanos, por exemplo. Admite-se que foram seres procariontes incorporados por eucariontes no processo evolutivo, ideia desenvolvida pela bióloga Lynn Margulies, que revela como a evolução não se dá somente em organismos independentes, mas frequentemente de forma articulada e simbiótica, como foi o caso da incorporação das mitocôndrias[63].

Já não se está tão distante da origem da vida, mas antes de tratar disso há um comentário que pode ser feito sobre o percurso entre os primeiros eucariontes unicelulares e o *sapiens* constituído de centenas de bilhões de células. Cada célula, seja humana ou de outra espécie, contém em seu núcleo informações genéticas, com seu DNA, que estabelece as características físicas do espécime, as mesmas transmitidas pelo sexo a seus descendentes. Aliás, incontáveis cópias de espécimes idênticos podem hoje ser gerados por meio de clonagens, o que se espera não venha a se praticar, pelo menos não entre humanos. A complexidade da vida, por exemplo a de um ser humano, pode ser ilustrada pelo fato de seu número de células ser comparável ao número de estrelas em uma galáxia, cujo funcionamento físico é bem menos complexo que o de uma única célula viva.

Os mais antigos fósseis de organismos unicelulares foram encontrados juntos das mais antigas rochas terrestres, e as evidências mais antigas de sistemas vivos têm cerca de 3,8 bilhões de anos, quando se data o início da vida. Isso traz uma questão filosófica comparável ou até mais profunda que a do surgimento da razão, merecendo uma atenção muito especial, pois se trata de uma incrível nova organização, a da natureza viva, surgida de substâncias químicas inanimadas, que correspondeu à produção de uma ordem inédita, muitíssimo mais complexa do que a síntese de um cristal ordenado a partir de moléculas em movimento caótico. Por muito tempo, a passagem entre sistemas vivos e não vivos era incompreensível em termos microscópicos, cuja concepção só surgiu

---

63. Lynn Margulies, *Symbiosis in Cell Evolution* [Simbiose na Evolução Celular].

126 EDUCAR PARA O IMPONDERÁVEL

há menos de meio século, sendo hoje um importante campo de investigação aproximando a biologia, a química e a física.

O surgimento da vida a partir da não vida tem a ver com a possibilidade física da formação espontânea de sistemas complexamente ordenados – como a própria vida – a partir de condições iniciais desordenadas, possibilidade desenvolvida em teoria pelo físico-químico Ilya Prigogine[64]. Isso faz a ligação entre a física, a cosmologia e a biologia, com profundas repercussões filosóficas. Uma afirmação atribuída a Demócrito, pensador materialista grego do século v a.c. considerado precursor da ciência moderna, "Tudo o que existe no universo é fruto do acaso e da necessidade", é algo que se aplicaria também ao surgimento da vida. Jacques Monod, um dos fundadores da biologia molecular, usa essa frase como epígrafe e título de seu livro *O Acaso e a Necessidade*. Para ele, a vida não é um "projeto da natureza", e sim uma "ontogênese molecular" aleatória de moléculas complexas, como as proteínas, formadas também aleatoriamente da composição de pequenas subunidades[65].

Já no começo do século xx, o russo Aleksandr Oparin e o inglês John Haldane independentemente conceberam a hipótese de que a vida pode ter surgido espontaneamente em certas gotas no oceano primitivo, gotas denominadas coacervados, constituídas de compostos prebióticos de carbono, isso décadas antes de Frances Crick, James Watson e Maurice Wilkins terem descoberto a estrutura química do DNA, a molécula espiral autorreprodutível que define e organiza cada ser vivo. Quando o DNA foi compreendido, a hipótese do coacervado foi questionada, pois seus elementos constitutivos não são nada simples, mas sim moléculas orgâni-

---

64. Ilya Prigogine & Isabelle Stengers, *Order out of Chaos.*
65. Jacques Monod, *O Acaso e a Necessidade.*

cas extremamente complexas, que precisariam estar presentes no meio prebiótico.

Dois fatos relativamente recentes reconciliaram a hipótese com algumas descobertas. Um deles foi a detecção de algumas daquelas moléculas complexas em meteoros, que podem tê-las trazido ao colidir com a Terra, e também se cogita que a água na Terra tenha se originado de outros corpos celestes no período de formação do planeta. Aliás, aqueles mesmos aminoácidos também foram sintetizados em laboratório na famosa experiência de Urey-Miller, submetendo a radiações de alta frequência os mesmos componentes necessários para a elaboração dos coacervados, radiações e componentes que certamente já ocorriam na Terra em período anterior à vida. Outro fato, igualmente recente, foi a descoberta dos chamados extremófilos, formas de vida resistentes a altas temperaturas, encontradas junto a fontes termais submarinas, em condições que lembram as previstas para coacervados. Hernani Maia e Hilda Dias reportam ambos esses fatos ao mencionarem a

[...] queda de volumosos corpos vindos do espaço durante um período de muitos milhões de anos [...]. Tudo indica que estes corpos deveriam transportar material químico razoavelmente evoluído, entre ele aminoácidos, que poderia ter tido apreciável significado para uma suposta origem da vida no planeta[66].

A seguir, eles afirmam:

A descoberta, em 1977, dos organismos poliextremófilos que habitam as fontes termais submarinas, ambiente que em muito faz lembrar aquele descrito por Oparin para o surgimento da vida na Terra, veio dar novo fôlego à hipótese endógena para a origem da vida[67].

66. Hernani Maia & Hilda Dias, *Origem da Vida*, p. 127.
67. *Idem*, p. 129.

128 EDUCAR PARA O IMPONDERÁVEL

Há, portanto, boas hipóteses sobre como terá surgido a vida na Terra, ainda que não se possa responder a dúvidas que elas mesmas trazem, por exemplo, se terá surgido um único primeiro exemplar que depois se disseminou e se diferenciou, ou se terão surgido muitos tipos diferentes que depois competiram e se eliminaram, dúvidas que possivelmente nunca se resolverão, pois não há como reconstituir o oceano primitivo em que eventuais outras formas de vida teriam sido tragadas pela que sobreviveu. A pergunta sobre por que razão a vida surge na Terra pode ser respondida com alguma simplicidade: por este planeta estar junto de uma estrela com o tamanho adequado para emitir energia em dose razoável, a uma distância que lhe garante temperatura adequada para ter água no estado líquido, além de possuir massa suficiente para reter uma atmosfera. Sobre isso, Stephen Hawking e Leonard Mlodinow dizem:

> Nós tivemos sorte na relação entre a massa do Sol e nossa distância dele. Isso porque a massa de uma estrela determina a energia que ela libera e, tomando a distância Terra-Sol como dada, se nosso sol fosse vinte por cento mais ou menos massivo, então a Terra seria mais quente do que Vênus é hoje, ou mais fria do que Marte é hoje[68].

Bem antes de abrigar vida, a Terra passou por períodos de grande turbulência, por exemplo, colidiu com muitos corpos celestes. Um desses acidentes, um choque tangencial de grandes proporções, separou o pedaço que formou a Lua e levou à rotação da Terra em torno de seu eixo. Durante o período logo após o choque, a rotação era mais rápida, com "dia de três horas". Quando a Lua se afastou e encontrou sua órbita estável, a rotação da Terra alcançou o ritmo atual. O planeta também passou por gra-

---

68. Stephen Hawking & Leonard Mlodinow, *The Grand Design* [O Grande Projeto], p. 152.

dativo resfriamento, formação do oceano e da atmosfera, que, até o surgimento da vida, não tinha oxigênio.

Mas a pergunta que se pode fazer agora é sobre como e quando se formou a Terra. Há mais convicção e clareza a respeito das substâncias e características do planeta que sobre o início da vida. A Terra e os demais planetas se formaram junto com o Sol, e giram em torno dele porque girava a nuvem cósmica, da qual ele se formou por simples gravitação. Sabe-se também que essa nuvem se criou a partir dos restos da explosão de uma estrela bem maior, ocorrência cósmica denominada supernova. Por resultar dessa explosão, o Sol e a Terra têm todos os elementos químicos existentes na natureza.

Estrelas se formaram e continuam se formando e se reunindo em galáxias, como a Via Láctea de que o Sol é parte. A formação de uma estrela é uma nuvem de hidrogênio colapsando sobre si mesma por conta da gravidade. É uma queda que produz em seu interior alta temperatura, capaz de promover fusões nucleares, que do hidrogênio geram hélio e outros elementos mais pesados, até mesmo o ferro em estrelas relativamente menores. Os elementos mais densos que o ferro, que existem aqui na Terra, só se formam em supernovas, explosões que esbanjam energia, e por isso se sabe que o Sistema Solar se formou dos restos de uma delas há 4,6 bilhões de anos, quase um bilhão de anos antes de a Terra ter gerado ou acolhido a vida.

A formulação da hipótese do universo em expansão deve-se a estudos do astrônomo Edwin Hubble, que, ao observar galáxias a distâncias crescentes, notou que as mais distantes se afastam com maior velocidade que as mais próximas. Isso lembrava fragmentos de qualquer explosão – os mais rápidos vão mais longe –, o que levou George Lemaitre à ideia de que o universo se expandia continuamente. A hipótese foi depois teorizada por outros como Georges Gamov, como sendo resultado de uma explosão inicial, mais tarde denominada Big Bang. Ao longo do século xx fo-

130 EDUCAR PARA O IMPONDERÁVEL

ram se encontrando muitas evidências de que eles estavam certos. Como em qualquer expansão livre, o universo estaria gradativamente se esfriando, sendo inicialmente um plasma tão quente, que nem átomos se formavam, mantendo-se incandescente até quando elétrons podiam ser capturados por prótons. A radiação de fundo, prevista por Gamov e mais tarde detectada pela radioastronomia, é a detecção óptica desse "momento" do universo. Um relato dessa sequência de hipóteses e verificações pode ser sinteticamente encontrado em outra obra do autor deste livro[69]. Timothy Ferriss a relata mais detalhadamente, contando, por exemplo, como a relatividade geral de Einstein "ao casar a física gravitacional emancipou a cosmologia do antigo dilema de saber se o universo é infinito e ilimitado ou finito e limitado", e como Lemaitre "começou a forjar os primeiros elos entre a cosmologia, a ciência do que é muito grande, e a física nuclear, a ciência do que é muito pequeno"[70].

A radiação de fundo, o processo mais distante que se pode observar, testemunha o momento em que o espaço ficou transparente e o universo tornou-se o que é até hoje, majoritariamente uma imensa bolha de hidrogênio se expandindo e localmente se autocompactando. Uma "sorte nossa", lembrando do comentário de Stephen Hawking, é essa bolha não ser homogênea, como se pode observar nas manchas da radiação de fundo. Se o fosse, se expandiria e esfriaria por igual, sem a formação de estrelas e galáxias, só possível quando as nuvens mais densas se compactam por gravitação; não haveria regiões quentes, frias e mornas; nem nós aqui estaríamos pretendendo compreender e teorizar o universo.

69. Luís Carlos de Menezes, *A Matéria: Uma Aventura do Espírito*, pp. 213-222.
70. Timothy Ferriss, *O Despertar na Via Láctea*, pp. 148-160.

Um período com duração de várias centenas de milhões de anos, situado entre a radiação de fundo e a formação das estrelas – quando as nuvens de átomos se condensam, com átomos neutros se expandindo – foi um tempo escuro, ou seja, sem emissão de luz. A radiação de fundo corresponde à emissão de fótons com energia de valor equivalente ao da ionização, quando um próton e um elétron livres se juntam em um átomo neutro. Já a luminosidade das estrelas decorre da radiação eletromagnética que emerge da fusão nuclear no seu interior. Mas, entre um processo e outro, no período de expansão dos átomos neutros não havia fontes expressivas de emissão, por isso dificilmente pode ser observado.

Enfim, como a visualização do universo só passou a ser possível depois da radiação de fundo, em temperaturas inferiores às de ionização, o que ocorreu nas primeiras centenas de milhares de anos do universo se depreende por cogitações teóricas sobre o que teria se passado em cada etapa, em função da temperatura estimada, hipóteses verificadas em aceleradores de partículas, com energias equivalentes às que se imagina para o período. Antes da transparência, deu-se a formação de núcleos de hidrogênio e alguns de hélio a partir de um plasma de elétrons, prótons e nêutrons, em um período de quase meio milhão de anos em que se realizou a nucleossíntese primitiva, bem anterior à síntese nuclear de elementos mais pesados no interior das estrelas, como já discutido.

Esse longo período foi precedido por outro bem mais curto, de poucos minutos, quando a síntese de partículas denominadas *quarks*, presentes em um plasma muito mais quente, deu origem a prótons e nêutrons. Aliás, a toda partícula de matéria corresponderia uma outra de antimatéria, assim, para cada elétron também surgiu um pósitron, e para cada *quark* um *antiquark*. Também partículas de antimatéria podem ser produzidas experimentalmente,

132 EDUCAR PARA O IMPONDERÁVEL

e seu encontro com matéria resulta em eliminação recíproca e em radiação eletromagnética, como se acredita tenha ocorrido na proximidade do que se denominou Big Bang.

O modelo para o Big Bang, "evento fundador" do universo, começa com um único ponto, um campo de forças que logo se dividiu em quatro outros: inicialmente se desprendeu a gravitação, em seguida a força nucelar forte se separou da chamada interação eletrofraca, que finalmente se partiu na força eletromagnética e na força nuclear fraca, até formar os quatro campos de força distintos hoje existentes: gravitação, eletromagnetismo, força nuclear forte e força nuclear fraca.

Cada uma dessas forças se interpreta em termos de partículas "protagonistas", como *quarks* e elétrons, intercambiando partículas "mensageiras", como glúons e fótons. Essas quatro forças são as que experimentamos até o presente: a gravitação foi e continua sendo responsável pela formação de corpos celestes e pela atração entre eles; o eletromagnetismo faz a agregação de objetos menores e sua interação de contato, elétrica ou magnética, sendo também responsável por vasto espectro de radiações, como radiofrequência, micro-ondas, raios x e raios gama; a força nuclear forte responde pela interação entre *quarks* para formar prótons e nêutrons; e a força nuclear fraca, pelo decaimento espontâneo de nêutrons, quando viram prótons. Uma descrição da natureza dessas quatro forças e das tentativas de reuni-las numa teoria única se encontra em um dos últimos livros de Stephen Hawking, segundo o qual "a maioria dos físicos espera encontrar uma teoria unificada que explique todas as quatro forças como diferentes aspectos de uma mesma força"[71]. Esse autor, aliás, notabilizou-se por participar dessa tentativa.

---

71. Stephen Hawking & Leonard Mlodinow, *Uma Nova História do Tempo*, p. 134.

Compreender todas as forças correspondia a uma "teoria de tudo", no entanto, nas últimas décadas surgiram evidências da existência de massas e campos não visíveis e não compreendidos, que tornaram essa pretensão ainda mais distante. Uma delas é a chamada matéria escura, sem a qual não se explicariam movimentos de gases na periferia das galáxias. A outra, conhecida por energia escura, responderia pelo afastamento acelerado de galáxias distantes, mostrando que a expansão do universo não está sendo freada pela gravitação, e que talvez também interfira na interação entre todas as galáxias. Ambas se somam aos quatro campos de força mais conhecidos, e o mais surpreendente é o valor massa-energia dessas novas forças, cuja soma corresponde a mais de 90% de toda a massa do universo, ou seja, tudo indica que acreditamos entender somente uns poucos por cento de tudo quanto que existe.

Há mais coisas que não se entendem, além de matéria e energia escuras. Por qual razão ocorreu o Big Bang, ou seja, por que repentinamente se expandiu o tal "ponto" que aprisionava matéria, espaço e tempo? Teria havido tempo antes do Big Bang, ou seja, algo terá transcorrido antes? Haveria outros "pontos" que poderiam ter dado origem a universos paralelos ao que conhecemos? Como matéria e energia escuras surgiram junto com as outras forças e que papel tiveram a massa e a energia escuras nos primeiros instantes do universo? E, como se sabe que a cada partícula corresponde uma antipartícula, como o elétron e o pósitron que se aniquilam ao se encontrar, por que elas não se eliminaram total e reciprocamente, ou seja, por que sobrou mais matéria que antimatéria e não somente radiação? São questões de caráter tão filosófico quanto científico, mas que talvez nos preocupem menos que outras, que nos impactam mais diretamente, como as formuladas no próximo capítulo.

3
A Ética

No trajeto vertiginosamente percorrido na contramão do tempo, apreciamos milênios de história em suas dimensões políticas, econômicas e sociais, vislumbramos bilhões de anos de desenvolvimento natural com conceitos biológicos e cosmológicos, e mergulhamos nos poucos minutos do parto do universo, com a linguagem da física de altas energias. A construção desse conhecimento começou há milênios, cresceu muito nos últimos séculos e está sendo desequilibrada nas últimas décadas por novas descobertas e incertezas, desafiando as ciências sociais e naturais, cuja vocação é a de compreender e transformar o mundo.

O conhecimento que interpreta o mundo não se distingue do que transforma o mundo, e ambos se desenvolvem articuladamente. Estudar o surgimento da democracia há milênios em uma sociedade escravagista tem algum paralelo com investigar e equacionar o desemprego estrutural hoje associado ao desenvolvimento tecnológico. Conjecturar sobre o surgimento da vida no jovem planeta Terra envolve conhecimentos próximos aos da criação de novos medicamentos de base genômica. Teorizar sobre a formação das substâncias no interior de estrelas tem

136 EDUCAR PARA O IMPONDERÁVEL

continuidade na manipulação de semicondutores da moderna cibernética.

O esforço, empreendido nesta seção, de despertar mais claramente uma consciência crítica a respeito do percurso cósmico e histórico que teria trazido o universo e a espécie humana à sua atual condição antecipa o questionamento de dilemas atuais de caráter ético trabalhados em seguida. A intenção filosófica de questionar o trajeto das ciências humanas e naturais com o propósito de buscar uma ética da aventura histórica e cósmica é um desafio para superar o reconhecido distanciamento entre essas ciências e a filosofia.

Cientistas e filósofos reconhecem esse distanciamento. Hawking e Mlodinow, por exemplo, afirmam que

[...] a maioria dos cientistas tem estado ocupada demais com o desenvolvimento de novas teorias que descrevem o que o universo é para perguntar por quê. Por outro lado, as pessoas cuja ocupação é perguntar por que – os filósofos – não têm acompanhado o avanço das teorias científicas[1].

Eles lembram que foi a partir dos dois últimos séculos que, tendo se tornado mais técnica e matemática, a ciência passou a ser prerrogativa de "um punhado de especialistas"[2]. Consideração semelhante é feita por Hannah Arendt quando ela lamenta que

[...] a ciência moderna [...] modificou e reconstruiu o mundo em que vivemos de modo tão radical que se poderia argumentar que o leigo e o humanista, ainda confiando em seu bom-senso e se comunicando na linguagem cotidiana, perderam contato com a realidade[3].

1. Stephen Hawking & Leonard Mlodinow, *Uma Nova História do Tempo*, p. 159.
2. *Idem, ibidem.*
3. Hannah Arendt, *Entre o Passado e o Futuro*, p. 329.

A ÉTICA 137

Ela julga mesmo que

[...] o cientista não apenas deixou para trás de si o leigo com sua compreensão limitada; ele deixou para trás uma parte de si mesmo e de seu próprio poder de compreensão, que ainda é compreensão humana, ao ir trabalhar no laboratório e começar a se comunicar em linguagem matemática[4].

O mundo contemporâneo, em que a ciência permite cogitar sobre o começo do universo e novas tecnologias substituem o trabalho humano, mas, ao mesmo tempo, em que persistem trágicos e seculares conflitos sectários, é um convite para um olhar mais filosófico sobre a evolução e suas contradições. Busca-se esse olhar neste capítulo, revendo criticamente o que foi tratado anteriormente, questionando eventos fundamentais só parcialmente compreendidos, como o imaginado começo do universo chamado Big Bang, a origem e a evolução da vida com sua criativa complexidade e o surgimento da razão, com que o *sapiens* submete as demais espécies. Da mesma forma, transformações atuais de base tecnológica, que tornam imponderável o futuro imediato, precisariam ser melhor compreendidas, para o que pode ser importante acompanhar a história da economia com suas decorrências políticas e sociais. Questionar esses momentos e processos, essenciais e relativamente nebulosos, é o sentido da próxima seção, que antecede e prepara um questionamento ético.

CONSCIÊNCIA CRÍTICA DO PERCURSO

No capítulo anterior, a trajetória percorrida em direção ao passado seguiu roteiro consagrado pelas ciências humanas e pelas ciências da natureza. Considerando que essa ampla apreciação

4. *Idem*, p. 330.

138 EDUCAR PARA O IMPONDERÁVEL

universal pretende fornecer elementos para a elaboração de uma ética, uma breve revisão crítica dessa aventura, agora no sentido do tempo, permitirá inicialmente conferir aspectos ainda obscuros como a origem do cosmo, da vida e da razão. Depois disso, serão tratados outros aspectos que envolvem as questões hoje vividas, como impasses econômicos, conflitos religiosos, desequilíbrios ambientais e retrocessos políticos. Em seguida a esses questionamentos, serão expressas dúvidas centrais sobre perspectivas para enfrentar tais problemas.

Assim, antes de colocar em questão as incertezas atuais, serão explicitados problemas para os quais as explicações das ciências não parecem ser definitivas. A começar pela ideia do Big Bang, que envolve hipóteses sobre como teria surgido o universo como o percebemos, ou seja, espaço tempo e matéria, mas que não explica como esse "momento da criação" responderia pelo surgimento de matéria e energia escuras, cujo equivalente massa-energia seria a maior parte do universo. Viu-se que o período que vai do Big Bang até a formação das primeiras estrelas pode ser metaforicamente comparado a um "jogo de armar", pois teria de resultar inevitavelmente na formação dos elementos químicos conhecidos e não outros, uma vez que as partículas e campos formados nos primeiros instantes e suas posteriores combinações em átomos não teriam alternativa a não ser tornar-se o que teriam de ser. Os *quarks* formaram prótons e nêutrons, que junto com os elétrons formaram os primeiros átomos, sendo os demais fundidos em processos nucleares nas estrelas. Assim, o jogo de armar estaria resolvido do começo ao fim, mas é indiscutível que seu começo continua obscuro.

Aparentemente, há ainda muito a esclarecer sobre o Big Bang. Brian Greene contesta que ele de fato esclareça "sobre as origens cósmicas", que teriam ocorrido por conta de uma explosão, pois "não nos diz nada sobre o que foi que explodiu, como explodiu, nem francamente se chegou a haver mesmo uma explosão. Pensando bem, o Big Bang nos oferece, na verdade, um tremendo quebra-cabeça"[5]. Uma primeira questão seria sobre a força que teria gerado a expansão, pois antes de surgirem as partículas só deveria existir a gravidade, que é atrativa, e seria necessário cogitar em que circunstância ela poderia ser repulsiva, no período "inflacionário" do universo. Menos ainda se conhece sobre o surgimento das chamadas energia e matéria escuras, que se avalia constituírem a maior parte de tudo quanto existe, uma vez que os modelos físicos para os primeiros instantes só dão conta da chamada matéria bariônica, com suas cargas e *quarks*.

A partir dessas partículas, o resfriamento devido a sua expansão permitiu que elas se agregassem em átomos, que por sua vez se difundiram e se agruparam em nuvens que, autocompactadas por gravitação, formaram estrelas reunidas em galáxias. Em estrelas menores, a partir da fusão de núcleos de hidrogênio formaram-se os núcleos de elementos, do hélio ao ferro, e nas supernovas constituíram-se os elementos mais pesados. Completou-se assim a conhecida tabela periódica dos elementos, que não poderia ser diferente. Se tudo decorre de acaso e necessidade, como na assertiva de Demócrito, a tabela confirma o "necessário", o que não poderia ser diferente.

Tal caráter inexorável das leis fundamentais da natureza teria, segundo Hawking e Mlodinow, levado Einstein a perguntar "Quanta liberdade de escolha Deus teve na construção do universo?" Ao que os autores respondem:

> Deus não teve liberdade alguma para escolher as condições iniciais. Deus teria tido, é claro, a liberdade de escolher as leis a que o universo obedecia [...] e é bem possível que exista uma ou um pequeno número de teorias [...] que são internamente coerentes e permitem a existência

---

5. Brian Greene, *O Tecido do Cosmo*, p. 317.

140 EDUCAR PARA O IMPONDERÁVEL

de estruturas tão complicadas quanto os seres humanos, que podem investigar as leis do universo e perguntar sobre a natureza de Deus[6].

A compreensão da passagem do universo sem vida nem razão para o de hoje, com vida, razão, civilização e ciências, depende primeiro da relação entre as ciências físicas e as biológicas e, em seguida, da relação entre essas ciências da natureza e as ciências humanas. Ilya Prigogine foi um cientista que contribuiu diretamente para decifrar a passagem entre o inanimado e o vivo, ou seja, de como pode emergir uma ordem como a da vida a partir de configurações caóticas. Em parceria com Isabelle Stengers, ele sinaliza para uma continuidade entre as ciências humanas e as ciências da natureza fechando o prefácio de um de seus livros com a seguinte afirmação: "Elas não negam a aventura humana, da qual constituem um acabamento, mas, pelo contrário, afirmam o caráter irredutível daquilo sem o que esta aventura seria carente de sentido"[7].

Com essas cogitações, podemos passar às circunstâncias fortuitas que deram origem à Terra, nela a vida, e como parte desta os humanos. Como se viu, o Sistema Solar resulta de uma recompactação dos restos de uma supernova, evento que pode continuar ocorrendo enquanto houver supernovas. Com a formação do Sol e do Sistema Solar, viu-se que teve origem a vida cerca de um bilhão de anos depois, por ter o planeta Terra massa suficiente para reter atmosfera e permanecer a uma distância apropriada do Sol para ter água em estado líquido. Esse surgimento também dependeu da capacidade de combinação do carbono, com seus quatro elétrons de valência, essencial para a formação de compostos orgânicos prebióticos, alguns deles já bem complexos, muitos sintetizados fora da Terra e chegados ao planeta junto com a água.

---

6. Stephen Hawking & Leonard Mlodinow, *Uma Nova História do Tempo*, p. 158.
7. Ilya Prigogine & Isabelle Stengers, *Entre o Tempo e a Eternidade*, p. 9.

A vida na Terra resultou dos coacervados, que teriam se constituído desses compostos orgânicos complexos. Os coacervados eram glóbulos envoltos por membranas com permeabilidade seletiva, para absorver do meio "nutrientes" e rejeitar "detergentes", e possuíam a capacidade de se duplicar, reproduzindo suas cadeias orgânicas por simples divisão, ao crescerem se tornarem instáveis, como uma gota de óleo na água. Não se sabe se houve uma "primeira célula" única, sendo todas as demais resultantes de sequências de suas divisões, produzindo variedade por falhas na duplicação, os primeiros "acidentes reprodutivos". Assim, possivelmente em profundezas quentes do oceano primitivo, surgiu o que se chama vida, algo capaz de se sustentar a partir do meio externo e de se reproduzir por divisão. É notável a produção de variedades no processo vital, pois já não se trata mais do "jogo de armar", e sim de uma permanente criação do novo. Foi visto como Darwin equaciona a evolução das espécies vivas, sem ter tratado de seu surgimento bem mais tarde cogitado por Oparin, mas um processo e o outro dão margem a considerações questionadoras, de uma perspectiva mais filosófica.

Hans Jonas, um filósofo da biologia, questiona a relativa "objetividade" com que na ciência a emergência da vida é tratada, uma vez que ele associa isso ao surgimento da própria ideia de liberdade:

> A hipótese que me parece mais convincente é admitir que já a própria passagem da substância inanimada para a substância viva, a primeira auto-organização da matéria em direção à vida, foi motivada por uma tendência a esses mesmos modos de liberdade que se manifestam no mais profundo do ser, e a que esta passagem abriu as portas[8].

A perspectiva da morte é vista por ele como essencial à vida.

---

8. Hans Jonas, *O Princípio Vida*, pp. 14-15.

O fato de a vida ser mortal constitui sua contradição básica, mas esse fato é inseparável de sua essência. [...] Subtraída à identidade com a matéria, mas dela necessitada. Livre, mas dependente. Isolada, mas necessariamente em contato, o qual no entanto pode destruí-la[9].

Independentemente de se aderir a essas teses, o fenômeno vida deve ser apreciado em seu indiscutível significado cósmico, pois em um único espécime vivo há um número de células comparável ao de estrelas na galáxia, cada uma delas com DNA próprio em seu núcleo, portanto, mais complexo que uma estrela, que se resume a uma disputa entre a pressão da gravitação para dentro e a pressão da radiação para fora. A evolução das espécies teorizada por Darwin e corroborada pela genética molecular tem dois momentos essenciais: o primeiro é a produção aleatória da variedade por falha na duplicação ou pela combinação de informações nos seres sexuados; o segundo, a ação do ambiente físico e biológico, que privilegia os espécimes com maior número de descendentes.

No entanto, Hans Jonas, a partir de sua ontologia, também critica a "matematização" do processo evolutivo, afirmando:

[...] ao Deus matemático, em sua visão analítica homogênea, escapa o ponto decisivo – o ponto da própria vida: a saber, que ela é individualidade autocentrada, existindo para si e em oposição a todo o resto do mundo, com um limite essencial entre o dentro e o fora – apesar da troca efetiva, ou mesmo baseado nela[10].

Ou seja, segundo ele a vida deve ser distinguida por sua singularidade, desde cedo disputando sobrevivência com o restante de seu meio natural e, mais tarde, movendo-se por desejos e temores.

9. *Idem*, p. 17.
10. *Idem*, pp. 100-101.

De seres unicelulares a multicelulares, da vida oceânica primitiva a sua migração para terra firme, a evolução da vida – com a sucessão de anfíbios, répteis, sauros, pássaros e mamíferos – esteve associada à evolução do planeta. Por exemplo, com a deriva continental que fraturou a Pangeia, a evolução ocorreu de forma específica em cada continente, como a dos primatas, hominídeos e do gênero *Homo*, só ocorrida no continente africano, há alguns milhões de anos, de onde partiram as migrações do gênero, com suas evoluções, interações com seu meio e extinções, e finalmente com o surgimento e migração da espécie *sapiens*.

A movimentação aleatória em busca de alimentos sempre foi condicionada pelas condições ambientais encontradas, como glaciações e estiagens, e marcada por eventuais disputas pelo domínio territorial. A chegada dos *sapiens* alterava a biodiversidade local, levando à extinção da maioria dos grandes mamíferos e, possivelmente, das demais espécies de seu gênero. Dezenas de milhares de anos se passaram até que, gradativamente, o domínio do fogo, a construção de habitações, a criação de animais e a agricultura permitissem a fixação sedentária de grupamentos humanos que, de centenas, passaram a milhares, até se estabelecerem em civilizações com milhões de indivíduos.

Como se viu, há a hipótese de que, na seleção dos humanos, a cultura possa ter desempenhado papel ao lado da genética, o que de certa forma se relaciona com a observação de Hans Jonas relativa à preocupação com a morte:

> Que tenha sido a morte e não a vida a primeira a exigir uma explicação [...] por longo tempo na história da espécie [...], sendo a importância do culto aos mortos nos inícios da humanidade, a pujança da ideia de morte no princípio da reflexão humana, dão testemunho de um fundo mais poderoso da ideia universal de vida[11].

11. *Idem*, pp. 18-19, 21.

144 EDUCAR PARA O IMPONDERÁVEL

Há evidências de que o culto aos mortos, ao lado de habilidades e conhecimentos aprendidos e transmitidos entre gerações, também se deu entre outras espécies humanas, como a dos neandertais, que chegaram a conviver e a se miscigenar com os *sapiens* até sua extinção há cerca de trinta mil anos.

Essas práticas já revelam dimensões de vida cultural bem anteriores ao processo civilizatório, dimensões que permitiram a organização social e envolveram atividades cooperativas entre muitos partícipes como religiões e nações. Um ponto de essencial importância e relativamente pouco explorado foi o desenvolvimento da linguagem simbólica e da elaboração de imagens, fundamentais ao surgimento da razão humana, evento cuja novidade seja talvez comparável à do surgimento da vida. E, por ter a razão humana sido responsável pela transformação da própria biosfera, talvez também corrobore a hipótese de que a cultura, ao lado da genética, tenha sido ingrediente do processo seletivo no que envolve humanos.

A imensa diversidade de realidades imaginadas que os *sapiens* inventaram e a diversidade resultante de padrões de comportamento são os principais componentes do que chamamos de "culturas". A Revolução Cognitiva é, portanto, o ponto em que a história declarou independência da biologia[12].

Assim, Yuval Noah Harari caracteriza a Revolução Cognitiva, acrescentando que "isso não significa que o *Homo sapiens* e a cultura humana tenham se tornado isentos de leis biológicas. Ainda somos animais, e nossas capacidades físicas, emocionais e cognitivas continuam sendo moldadas por nosso DNA"[13].

12. Yuval Noah Harari, *Sapiens: Uma Breve História da Humanidade*, p. 46.
13. *Idem, ibidem.*

Assim, às dúvidas em torno ao surgimento do cosmo e do surgimento da vida, acrescente-se a incerteza em torno do surgimento da razão. E a aventura cósmica, antes de se tornar histórica, mesmo com sua incerteza já revela fases distintas: a da origem e expansão do cosmo, que vai dos campos e partículas, no "início dos tempos", à formação dos elementos químicos nas estrelas; a da origem e evolução da vida, que vai da síntese orgânica prebiótica ao surgimento de organismos com sua diversificação em biosfera; a da origem do ser humano e da razão, que vai dos primatas e hominídeos aos *sapiens* com imaginação e linguagem simbólica.

Seria interessante cogitar como teria prosseguido o percurso se, nos últimos dez mil anos – quando os humanos se reuniram de forma mais numerosa e sua aventura iniciou outra etapa, a das civilizações e religiões – distintas espécies de humanos ainda existissem, ou seja, se nossa espécie não houvesse prevalecido sozinha, e outras houvessem desenvolvido civilizações. Um bom tema para ficcionistas, mas uma observação central de sentido filosófico é a produção, pela razão e pela cultura, de inúmeras novas singularidades, pois cada humano é único não apenas por sua herança genética, mas sobretudo por sua consciência.

Civilizações, impérios e seus conflitos usualmente estiveram associados a religiões. Religiões milenares, a despeito de sua relação com importantes valores e princípios morais, ainda hoje continuam motivando guerras, perseguições e outros problemas sociais. Não custa enumerá-las: o hinduísmo, decorrente dos Vedas de quatro mil anos atrás, e com várias vertentes como a dos *sikhs*; o judaísmo, existente há cerca de 3800 anos, com vários cultos independentes; o taoísmo, surgido na China há cerca de 2600 anos, liderado por Lao Tsé e com influência de Confúcio; o budismo, surgido há mais de 2500 anos no Nepal, difundido por intermédio de Ashoka, um rei convertido; o cristianismo, surgido há dois mil

146 EDUCAR PARA O IMPONDERÁVEL

anos entre judeus sob jugo romano, com difusão muito ampliada por Constantino, imperador convertido, hoje com dezenas de vertentes autônomas; o islamismo, fundado há cerca de 1500 anos no mundo árabe, dividido entre seitas sunitas e xiitas por disputas sobre a sucessão do seu profeta; o animismo em cultos de vertente também africana, associados ao kardecismo ou espiritismo, que envolvem reencarnações, de forma semelhante ao hinduísmo.

Os seguidores dessas religiões constituem a maioria da população mundial. Elas permanecem associadas ao poder político e guerras e terror continuam ocorrendo em seu nome, portanto, compreendê-las faz parte necessária de uma "consciência crítica do percurso". Chantepie de la Saussaye, na apresentação de sua clássica *História das Religiões*, a toma como "alargamento da história", no sentido claro de ser parte da história da civilização. Ele afirma:

> [...] no lugar da história política, ou antes, ao lado dela, aparecia a história da civilização. Ela estuda não só o destino dos Estados, mas também a organização da sociedade, os progressos materiais dos povos, o desenvolvimento das artes e das ciências e a história das crenças[14].

É claro que um estudo das religiões é essencial para compreender a evolução das civilizações. Por exemplo, é quase irônico que o Império Romano, de alcance territorial sem precedentes, tenha sido em seu ocaso responsável pela difusão da religião cristã, tornando-se o Sacro Império Romano, enquanto dos deuses greco-romanos possivelmente só tenha restado a denominação de dias da semana.

Mas, ao lado das religiões, é a economia que pauta a história e o desenvolvimento humano. Na Idade Média, que durou mil anos, um avanço nos meios de produção, com o uso de rodas

---

14. Chantepie de la Saussaye, *História das Religiões*, pp. 13-14.

d'água, moinhos de vento e novas técnicas agrícolas trazidas pelos invasores nórdicos resultou no resultante excedente produtivo que deu origem ao mercado e aos mercadores, que disputaram relevância e prestígio com os aristocratas, acabando por superá-los. Ainda que nem sempre se superponham aos desígnios da fé, mudanças econômicas sempre presidem mudanças políticas.

Por isso, vale lembrar o que disse Weissäcker já há mais de meio século. "Nossa existência será mais e mais definida pela necessidade objetiva do funcionamento da técnica e pela possibilidade do exercício de poder que esta técnica oferece". Ele situa a técnica, tanto quanto essa nossa retrospectiva, em sua dimensão propriamente antropológica. "A técnica [...] é uma das partes do desenvolvimento humano, na qual ele se resgata de sua condição animal"[15]. Curiosamente, mesmo sem mencionar, ele também desenvolve uma metáfora bíblica, sobre o pecado original, de comer o "fruto da árvore do conhecimento": "A superação da ordem instintiva [pelo domínio da técnica] é a perda do paraíso. O paraíso foi perdido, mas aquilo que pelo qual nós o trocamos é o conhecimento"[16].

Da evolução técnica da Idade Média surgiu o mercado e a Renascença, período em que o pensamento científico e filosófico inaugurou a economia de mercado. A relação entre conhecimento, técnica e poder, em associação com a economia é o que tem conduzido o mundo e seus conflitos desde a modernidade. A mudança na visão cosmológica promovida pela mecânica e gravitação newtoniana foi acompanhada pela mudança da concepção econômica e política do mundo. Máquinas a vapor passaram a mover teares e fizeram da Inglaterra a primeira potência indus-

15. Carl Friedrich von Weissäcker, *Gedanken über unsere Zukunft* ["Pensamentos Sobre Nosso Futuro"], pp. 25-26, 28.
16. *Idem*, p. 28.

148 EDUCAR PARA O IMPONDERÁVEL

trial, enquanto a Alemanha se impôs com o domínio de motores e geradores elétricos.

As guerras frequentemente mesclam na disputa política diferentes razões, como as econômicas e religiosas, mudando seus pretextos ao longo dos conflitos. Na passagem para a modernidade, a chamada Guerra dos Trinta Anos ilustra o caráter duvidoso dos grandes conflitos, pois começou com o real ou pretenso conflito religioso, entre países protestantes e católicos, mas se revelou mera disputa política, em que a França católica mudou de lado e se alinhou aos protestantes. Outro exemplo foi França, Inglaterra e Rússia enfrentarem Alemanha, Itália e os impérios Austro-Húngaro e Turco-Otomano no início da Primeira Guerra Mundial, tendo o Japão entrado na guerra atacando a marinha alemã, e os americanos, que também se envolveram após a mesma situação, tiveram participação reconhecidamente decisiva.

A Primeira Guerra Mundial teve prosseguimento na Segunda Guerra, quando França, Inglaterra e Rússia enfrentaram Alemanha, Itália e Japão, reunidas por razões bem diferentes. Foi o Japão que, "mudando de lado", trouxe os Estados Unidos para a guerra, com seu ataque à marinha americana. Por isso, as duas guerras mundiais poderiam ser pensadas juntas, como uma nova Guerra de Trinta Anos; nesta, a França mudou de lado, naquelas, o Japão. Tendo surgido o nazismo e o fascismo como decorrência do empobrecimento de Itália e Alemanha, e tendo a Revolução Russa se beneficiado do desmonte do exército imperial após sua derrota na Primeira Guerra, vê-se quanto os eventos da Segunda Guerra se deram em função do desfecho da Primeira, da pandemia de 1918 e da crise financeira de 1929.

Segundo relato do Major-General J.F. Fuller, citado por Luiz de Alencar Araripe, a ideia de que a Primeira Guerra poderia ter tido desfecho muito diferente, sem dar margem à Segunda, veio de ninguém menos que Winston Churchill. Primeiro-ministro inglês durante a Segunda Guerra, Churchill disse em 1936, em entrevista ao jornal *Enquirer*, que se os EUA não tivessem se metido na guerra, os Aliados teriam feito a paz com a Alemanha na primavera de 1917 e "não teria acontecido o colapso da Rússia seguido do comunismo, nem a queda da Itália, seguida do fascismo [...] e a Alemanha não teria assinado o Tratado de Versalhes, que entronizou o nazismo"[17]. É preciso admitir que pouca gente tratou a Segunda Guerra como resultado da Primeira, como fez o autor dessa afirmação. Aliás, nenhum personagem viveu tão centralmente ambas as guerras quanto Churchill.

O fim de uma guerra dar sentido à próxima pode acontecer de forma deliberada, quando os aliados de uma guerra já se reconhecem como os inimigos da próxima. As bombas atômicas de Hiroshima e Nagasaki não seriam necessárias para pôr fim à guerra, mas visavam advertir os soviéticos sobre o poder dos Estados Unidos na chamada Guerra Fria, que prosseguiu em disputas de prestígio e poderio, como as corridas espacial e armamentista nuclear, e nas nada frias disputas armadas na Indochina, com as guerras da Coreia e do Vietnã.

O embate entre socialismo e capitalismo que pautou a segunda metade do século XX não foi resolvido por "vitória ideológica", mas por supremacia da economia de mercado. O que resultou do desmonte da União Soviética e da reunificação da Alemanha, assim como o processo em curso da evolução do capitalismo de Estado na China, são partes do cenário político internacional desse começo de século XXI, que precisam ser melhor compreendidas. Reemergem populismos nacionalistas e autoritários, desfazem--se acordos internacionais sobre clima e trocas econômicas, o que talvez possa ser observado à luz dos rearranjos de poder do século

---

17. Luiz de Alencar Araripe, "Primeira Guerra Mundial", em Demétrio Magnoli, *História das Guerras*, p. 352.

passado, mas notando, embora as atuais disputas americanas com chineses possam até envolver alegações de segurança, são pautadas mais por supremacia econômica que por razões ideológicas.

Tal cenário sugere algumas questões contemporâneas sem resposta. Os EUA reassumirão protagonismo a altura de seu significado cultural e econômico, ou prosseguirão em rota isolacionista e ambientalmente irresponsável? A liderança econômica mundial da China virá acompanhada de quais outras influências políticas e culturais sobre ela mesma e sobre o mundo? Por quanto tempo os jovens frustrados de periferias do primeiro mundo continuarão atraídos pelo terrorismo sectário, e os jovens excluídos das periferias pobres dos "outros mundos" continuarão arregimentados pelo crime organizado? Em que prazo seria possível envolver na vida econômica e cultural todos esses jovens, com educação e perspectiva social que os reconheça, respeite e promova?

Conflitos locais e duradouros, como entre sauditas e iranianos, paquistaneses e indianos, palestinos e israelenses, geralmente com elementos culturais e religiosos, ao lado de razões econômicas ou territoriais, também convocam alinhamentos antagônicos globais, revelando-se ineficazes os fóruns internacionais de consulta. Em toda parte, não somente em fronteiras de conflito, ainda ecoam disputas entre o que se chamou de esquerda e de direita, mas hoje elas se dão mais entre populismo e sectarismo, empobrecendo o embate de ideias. Tem sido infrutífera, em entidades internacionais como a ONU, a discussão de questões globais como paz mundial, preservação ambiental e eliminação da miséria, problemas só enfrentados por organizações não governamentais que, minimizando danos, não têm poder para atacar as causas. Aliás, essas ONGs substituíram a militância social e política do século XX.

Chegando ao presente o questionamento sobre o percurso humano, passa-se a tratar das profundas transformações produzidas

A ÉTICA 151

pelas tecnologias contemporâneas. As revoluções das máquinas térmicas e dos motores elétricos industrializaram o mundo, ampliaram os resultados do trabalho e em parte o substituíram. Já as revoluções tecnológicas atuais da robótica e dos sistemas "pós-industrializaram" o mundo e, além de completar a substituição do trabalho braçal e repetitivo, começam a substituir parte do trabalho intelectual. As primeiras aprofundaram e renovaram a apropriação das energias naturais, já iniciadas na Idade Média com as rodas d'água e moinhos de vento. As últimas ampliaram e renovaram a capacidade humana de comunicar, registrar e processar informações, iniciada há milênios pela escrita e pela imprensa, e substituíram até mesmo a capacidade de interpretar e decidir, otimizando processos analíticos.

Desde há muito, é grande a preocupação com a substituição radical do trabalho humano. Já nos anos 1950, P.E. Cleator adverte premonitoriamente que "em dias futuros, o *Homo sapiens* terá de competir com... máquinas... E elas podem ser as precursoras de uma elite cultural mecânica que, no futuro, desafiará a supremacia mental do próprio homem..."[18]. E em 1970, Erich Fromm questionou a "cibernética e automação, como princípio teórico e prático central de controle, tendo o computador como o mais importante elemento na automação"[19], defendendo radicalmente o controle humano na interação com seu meio natural: "Mesmo se a maior parte do trabalho físico for assumida por máquinas, o homem vai ainda tomar parte no processo de intercâmbio entre ele próprio e a natureza"[20]. Como Fromm trata de um cenário em muito ultrapassado pela cibernética contemporânea, em que o

18. P. E. Cleator, "A Era dos Autômatos", p. XII.
19. Erich Fromm, "Humanizing a Technological Society" ["Humanizando uma Sociedade Tecnológica"] em Allan F. Westin (org.), *Information Technology in a Democracy,* [*Tecnologia da Informação numa Democracia*], p. 198.
20. *Idem*, p. 212.

152 EDUCAR PARA O IMPONDERÁVEL

trabalho intelectual é assumido por sistemas, é preciso ter cautela com sua certeza da capacidade humana de controlar sua "criatura". As modificações econômicas e repercussões políticas das primeiras revoluções abordadas sugerem investigar as repercussões das duas últimas. As revoluções industriais criaram o proletariado e o expuseram às telecomunicações centralizadas, enquanto as revoluções tecnológicas eliminaram o proletariado, mas propiciaram sua participação na rede global de informações e comunicações. Nessa comparação entre elas, ao se pensar política, pode-se considerar que assim como o fascismo e o nazismo, com o rádio, envolveram os empobrecidos pela Primeira Guerra, o novo populismo autoritário, com a internet, envolve os desempregados pela modernização produtiva. É claro que não é "culpa" do rádio nem da internet, e sim da manipulação de consciências com esses recursos.

É antiga essa preocupação com a alienação política associada ao emprego de tecnologias. Aldous Huxley, no prefácio escrito em 1946 para seu *Admirável Mundo Novo*, publicado originalmente em 1932, adverte:

> [...] a menos que prefiramos o emprego da ciência aplicada, não como o fim a que seres humanos deverão servir de meios, mas como o meio de produzir uma raça de indivíduos livres, teremos apenas duas alternativas, ou diversos totalitarismos nacionais militarizados [...] ou então um totalitarismo supranacional suscitado pelo caos social resultante do progresso tecnológico, e em particular da energia atômica[21].

Ainda que seu romance se desenvolva em torno de manipulação e seleção genética de pessoas, e suas preocupações no Prefácio, ao fim da Segunda Guerra, tenham a ver com a energia nuclear,

---

21. Aldous Huxley, "Prefácio", em *Admirável Mundo Novo*, p. XVIII.

sua advertência possui curiosa atualidade. Aliás, ele também diz ter imaginado, quando escreveu o livro, que o cenário que ele projetara "para daqui a seiscentos anos", em 1946 já lhe parecia "perfeitamente possível dentro de um único século"[22], que hoje já se aproxima...

Nessa metamorfose global, vê-se como os mesmos recursos que mudaram o mundo do trabalho são os que imergem a vida social em onipresente rede multidirecional de comunicação. A diferença entre a preocupação de Huxley com a energia nuclear e a preocupação atual com as tecnologias de informação, sugere uma metáfora. Assim como a natureza "inventou" a vida a partir das propriedades físico-químicas do carbono, longe dos processos nucleares das estrelas, em temperaturas que permitiam água líquida, os humanos "inventaram" a cibernética a partir das propriedades físico-químicas do silício, em temperatura ambiente longe dos processos de seus reatores nucleares.

Em poucas décadas de desenvolvimento dessas técnicas, praticamente toda atividade humana passou a ser continuamente mediada ou controlada por redes globais de informação. Relações de trabalho ou afetivas, linhas de telefonia ou de montagem industrial, informações financeiras ou clínicas, monitoramento de trânsito ou de segurança, tudo é potenciado com tal disponibilidade e agilidade pelos sistemas, que nem se cogita abrir mão de tais recursos. Não há de ser surpreendente que também as tensões internacionais sejam hoje mais cibernéticas que nucleares.

Mas é preciso olhar todo esse progresso com atenção para suas contradições, pois tecnologia amplia conforto, mas não impede desigualdade e até promove exclusão; a ciência compreende a biosfera, mas não impede que a destruam; o mundo é globalizado,

---

22. *Idem, ibidem.*

mas bloqueia fronteiras para os que migram fugindo de conflitos e carências; e fé e política podem estar tanto a serviço da paz quanto da guerra. As questões descortinadas na breve apreciação da aventura humana são explicitadas por uma consciência crítica do percurso, mas não têm soluções sequer sinalizadas. Isso, em princípio, demandaria ao menos um posicionamento ético, o que se pretende a seguir.

UMA ÉTICA DA AVENTURA

A consciência crítica do percurso pelo qual se chegou à condição atual, que tem como marcos o surgimento do cosmo, da vida, da razão, da civilização e da ciência, será elemento para a busca de uma ética, diante da incerteza sobre o devir. Viu-se como os intervalos entre a origem do cosmo e a da vida, ou entre a origem da vida e a da razão, são medidos em bilhões de anos. Já os intervalos entre razão, civilização, ciência e tecnologia são bem mais curtos, de milhares ou centenas de anos. Mas, agora, "acelerou-se o tempo", e como será o futuro imediato, dentro de poucos anos, já é imponderável.

No último milionésimo de tempo do universo, a espécie *sapiens*, afrodescendente como as demais do seu gênero, sobre as quais prevaleceu com a vantagem de ter desenvolvido a razão, eliminou ou cultivou outras espécies do planeta, estabeleceu religiões, civilizações, impérios e nações, que há milênios disputam poder político, religioso e econômico em inúmeras guerras. Organizações políticas de cada período, imperiais, dominiais, feudais ou republicanas, estabeleceram diferentes regimes de trabalho, como os de escravos, de servos e de remunerados, e fixaram-se práticas sociais como as de educação, saúde, comércio, comunicação e justiça.

Percepções articuladas dos diferentes períodos do "percurso" têm sido apresentadas por diferentes pensadores. Ervin László, em livro relativamente recente, caracteriza a passagem entre os períodos:

> Cada tipo de civilização tinha seu próprio tipo de cultura e de consciência. A era de *Mythos* [que corresponderia à Idade da Pedra] tinha como característica distintiva a consciência mítica; a era de Theos [tempo dos impérios] uma mentalidade teísta; a Idade Média europeia um Logos de inclinação teísta. A era moderna, por sua vez, desenvolveu um Logos mecanicista e manipulativo[23].

Na transformação de Theos em Logos, László identifica o papel central da Grécia clássica, quando "Logos […] passou a significar discurso racional e, até mesmo, a própria racionalidade"[24]. Ao longo de seu livro, ele defende a tese de que há dois tipos de crescimento mundial, um que denomina de *extensivo*, de domínio territorial e ambientalmente predatório, e outro *intensivo*, de desenvolvimento de indivíduos em seus ecossistemas. O extensivo conduziria a humanidade ao caos, enquanto que o intensivo, associado a "conexão, comunicação e consciência", faria a nova transição de período, do Logos ao Holos.

Nos últimos séculos e décadas, as ciências desenvolveram novas concepções do cosmo, da vida e da humanidade e, nesse sentido, elas se tornaram mais filosóficas. Na Grécia clássica, a filosofia foi praticamente inseparável da sua ciência, constituindo uma cosmologia, ainda que muito anterior ao desenvolvimento da ciência experimental. Em sua dimensão mais política, mesmo na Grécia a filosofia sempre se apresentou como uma ética social,

---

23. Ervin László, *O Ponto do Caos,* p. 76.
24. *Idem,* p. 79.

desde sempre em direta associação com as ciências humanas. Assim, as filosofias ora se ocupam mais de cogitações cosmológicas, mais próximas das ciências naturais, ora mais de questões éticas, mais próximas das ciências humanas. Nesse sentido, cogitar uma ética da aventura cósmica e histórica é procurar reunir ambas essas dimensões, com o propósito de orientar uma educação atenta para a presente condição humana, carente de perspectivas, seja em relação à degradação ambiental, à exclusão, à violência ou ao autoritarismo.

Essa pretendida proposição ou cogitação de uma ética pode contar com o pensar filosófico já elaborado com esse mesmo sentido. Acompanhando muitos pensadores que têm observado as transformações contemporâneas quanto às questões sociais e filosóficas, pode-se perceber que eles têm revelado perplexidade com o agora vivido, quando não um claro desencanto. E o estabelecimento de uma ética, ação virtuosa, depende de se definir a que imperativo se serve, sendo que há diferentes compreensões, por exemplo, alguns acreditam que a ética deve estar de acordo com a natureza, outros com a razão, com a fé, ou mesmo com possíveis sínteses dessas.

Em artigo do final do século xx, Marilena Chaui, depois de sinalizar que "a política é uma lógica da ação que se realiza à distância da finalidade ética [...] havendo, porém, uma medida da ética pública para a política", fala de "algo nuclear nas discussões éticas e políticas, qual seja, como conciliar liberdade e circunstância, liberdade e contingência, já que a liberdade é posta como conformidade ao necessário", para mais adiante apontar algo como uma síntese: "Transformar o contingente em necessário e participar ativamente da necessidade imanente à Natureza, à Razão, ao Sujeito, à História definem tanto a ética quanto a política"[25].

---

25. Marilena Chaui, "Público, Privado, Despotismo" em Adauto Novais (org.), *Ética*, p. 355.

Talvez haja semelhança com a aqui pretendida ética da aventura humana e cósmica. O texto de Chaui, escrito há mais de duas décadas, conclui-se com uma preocupação quase profética:

> Parece que o risco que corremos neste final de milênio perplexo encontra-se em outro lugar: no rearranjo de forças conservadoras que poderão capturar o "mal-estar na cultura"[26] para convertê-lo em amortecedor benévolo do conformismo e da resignação sem esperança[27].

Diferentemente da moral, do socialmente convencionado, portanto de ordem heterônoma, a ética se realiza como posicionamento autônomo, de intenção ou de proposição relativas ao entorno social e natural. No entanto, na crítica configuração atual, quando qualquer indivíduo de qualquer comunidade inescapavelmente passa a estar imerso em uma rede global de determinações, demanda-se uma nova percepção da condição humana e, por isso mesmo, possivelmente uma nova formulação para a ideia de ética. Nesta condição presente, mesmo sendo cada um, em princípio, partícipe ativo e assim protagonista, mesmo que "virtual", do concerto universal, na realidade se é continuamente embalado por uma maré virtual, não local, contra a qual pareceria patético debater-se. É ilustrativo perceber como diferentes pensadores sociais compreendem essa condição.

Ulrich Beck, em artigo publicado há cerca de uma década, aponta de que forma contingências globais impactam cada pessoa individualmente:

> [...] os fenômenos da crise social, como desemprego estrutural, podem ser passados, como fardo de risco, para os ombros dos indivíduos

---

26. Possivelmente uma alusão a *Unbehagen in der Kultur*, livro de Sigmund Freud de 1930, publicado no Brasil com o título *O Mal-Estar na Civilização*.
27. Marilena Chaui, "Público, Privado, Despotismo", p. 390.

158 EDUCAR PARA O IMPONDERÁVEL

[...], transformados em disposições psicológicas. [...] um imediatismo da desordem, tal que as crises sociais parecem individuais[28].

Já em seu recente e derradeiro livro, ele adota atitude que converge com a preocupação da "ética da aventura" aqui pretendida:

> Seja qual for o tempo passado, para o qual as pessoas viajam em pensamento – a Idade da Pedra, [...] a época de Maomé, o iluminismo italiano ou o nacionalismo do século XIX – para que suas ações prosperem, eles devem construir pontes para o mundo, para o mundo dos "outros"[29].

De certa forma, também concordando com a ideia de aceleração do tempo histórico ele afirma:

> [...] os efeitos da Revolução Francesa se estenderam sobre os últimos duzentos anos [...] mas, a metamorfose do mundo com velocidade verdadeiramente inconcebível está [...] ultrapassando [...] pessoas, mas também instituições[30].

Diferentemente da ideia de transformação e revolução, ele vê uma "metamorfose", algo que, na devastação ambiental e no desconcerto social, "nos obriga a lembrarmos das maneiras pelas quais a raça humana põe em risco sua própria existência"[31].

É curioso imaginar que as inúmeras conquistas humanas, do conhecimento e das técnicas, que têm levado à inédita capacidade de interpretar o mundo natural, controlar processos e produzir bens, sejam capazes de ameaçar a própria humanidade. Acontece que

---

28. Ulrich Beck, "Viver a Própria Vida em um Mundo em Fuga", em Anthony Giddens & Will Hunton (org.), *No Limite da Racionalidade*, p. 239.
29. Ulrich Beck, *A Metamorfose do Mundo*, pp. 23, 64, 79. O autor faleceu antes de completar a escrita desse livro.
30. *Idem*, p. 64.
31. *Idem*, p. 79.

essas conquistas não têm sido acompanhadas de um entendimento harmonioso da relação entre humanos, ou entre estes a natureza. No percurso histórico e natural, pode-se identificar circunstâncias de redefinição abrupta ou violenta de rumos, como as eventuais confrontações entre espécies que tenham eliminado as demais do gênero *Homo*. O que se pretende aqui é cogitar se o momento atual pode ser decisivo como aqueles, e que isso deve mobilizar para a busca de saídas ainda não apontadas, o que provavelmente dependerá das gerações futuras, que agora estão sendo educadas.

A percepção da singularidade do que hoje se vive se encontra no trabalho de diferentes pensadores, alguns dos quais já lembrados. Em seu já mencionado *Como Viver em Tempo de Crise*, Edgar Morin e Patrick Viveret reforçam essas advertências de muitas maneiras. Morin é enfático ao explicitar isso. "Arrisco a hipótese de que tenhamos chegado a um momento de ruptura"[32]. Mas à visão otimista do que poderia ser "um prelúdio a uma metamorfose da qual nasceria uma sociedade-mundo de novo tipo", ele adverte que "falta-nos a consciência da humanidade planetária"[33]. No mesmo livro, Viveret é ainda mais enfático:

> Estamos aqui em um terreno que é no mínimo comparável, do ponto de vista de sua importância, à passagem do neolítico ao paleolítico, [...] a um período em que a vida natural era controlada e produzida: atualmente, é a própria vida humana que está em causa[34].

A menção a esses autores mostra, entre outras coisas, que eles partilham da percepção de singularidade do que hoje é vivido. No caso desses dois últimos, duas afirmações convergem com o que bus-

---

32. *Idem, ibidem.*
33. *Idem*, p. 53.
34. Patrick Viveret em Patrick Viveret & Edgar Morin, *Como Viver em Tempo de Crise*, p. 53.

160 EDUCAR PARA O IMPONDERÁVEL

camos. De Morin, a necessidade de uma "consciência da humanidade planetária" e, de Viveret, a comparação entre o momento atual e a transição entre períodos da evolução do *sapiens*, sendo que ele, tanto quanto Ulrich Beck, vê risco para a própria sobrevivência humana.

Ciência & Religião

Entre os aprendizados adquiridos na "consciência do percurso", viu-se que para a ciência, parafraseando Demócrito, tudo quanto ocorre é resultado do acaso e da necessidade, ou seja, decorre de fatos fortuitos que respeitam as potencialidades naturais, sendo que estas potencialidades, ou necessidades, são compreendidas pela ciência, geralmente formulando-as em princípios. Mas também se percebeu que há eventos decisivos ainda não conclusivamente esclarecidos pela ciência, como o surgimento do universo, a origem da vida e o desenvolvimento da razão, questões que dão margem a cogitações que, mesmo que teorizadas, ainda transcendem o âmbito estrito da ciência experimental e levam a questões mais propriamente filosóficas. Antes do Big Bang havia algo a transcorrer no tempo, e haveria hoje universos paralelos, surgidos como o que conhecemos e com os quais não temos contato? Será que antes da vida o universo tinha escolha, se tudo era "acaso e necessidade", e será que depois dela existe liberdade, já que seres vivos, em certas circunstâncias, podem optar por alguma ação em vez de outras? Antes da emergência da razão, haveria algo comparável à ética, já que animais sociais, especialmente mamíferos, são por propensão natural ou por atenção a regras de seus bandos a cuidar de crias, mesmo que não sejam as suas, e a proteger seus congêneres de ameaças?

Para as religiões, aqueles eventos decisivos, que evocam questões mais filosóficas, teriam resultado de ação divina, ou seja, foram a realização de um projeto não passível de experimentação, cujos desígnios só são investigados na exegese de registros sagrados, de

A ÉTICA 161

origem quase imemorial, como os Vedas, ou por revelação divina intermediada por profetas e transcrita por seus intérpretes, como a Bíblia e o Corão. Sem exceção, esses documentos já incluem uma moral, ou seja, uma ordem heterônoma a ser seguida, cuja interpretação pode ser objeto de discussão entre teólogos e religiosos, mas não pode ser contestada. E ainda que ética não seja sinônimo de moral, é preciso dialogar com todas as convicções ao se discutir princípios para o convívio humano, mesmo porque a maior parte da humanidade professa alguma fé. Assim, o que se mostrou até aqui merece ser cotejado com a fé de quem lê, condição essencial a todo diálogo, como aquele a que este livro se dispõe. Ao rever toda a aventura num só parágrafo a seguir, diferentes religiosos podem ver onde incluiriam seu deus, ou onde mudariam o relato.

Depois do universo se expandir, formaram-se estrelas e, no entorno de uma delas, um planeta reteve água líquida em que surgiu a vida. A evolução da vida resultou em espécies interdependentes, e algumas delas depois migraram para terra firme. Em um continente, uma espécie desenvolveu a razão e mais tarde ocupou todo o planeta, dizimando e cultivando espécies, desenvolvendo culturas, religiões, impérios e nações, que disputaram e ainda disputam território e poder em inúmeras guerras. Essa espécie produziu uma civilização global com várias organizações políticas e produtivas, e atualmente exaure o meio natural de que depende, marginaliza muitos indivíduos e persiste em violência e autoritarismo.

O parágrafo acima aponta elementos essenciais para se conceber uma "ética da aventura" como a interdependência da vida, a predominância do *sapiens* e o caráter global da atual civilização em conflito, que podem ser reconhecidos por todos, independentemente de suas convicções religiosas. São questões inseparáveis, mas de alcance distinto: uma de milhões de anos, da crescente intervenção humana sobre a variedade de espécies, que se traduz

162 EDUCAR PARA O IMPONDERÁVEL

na degradação da biosfera; outra milenar, dos conflitos, nacionais, regionais ou religiosos, que resultam em disseminação da violência e do terror; outra ainda de décadas, das mudanças tecnológicas nas formas de produção, que aprofundam desigualdade e exclusão social. A solução dessas grandes questões pode ser sintetizada em uma única máxima: o "desenvolvimento socioambiental sustentável"; mas a elas se acrescenta a dificuldade de tratá-las que aumenta em face de populismos nacionalistas e autoritários, que preferem "pôr a culpa nos outros" e acenar com mais violência. Claramente portanto são grandes questões que precisam ser consideradas de forma articulada.

A condição atual é insustentável por múltiplos fatores, como expressa Patrice Viveret. "É um modelo cuja insustentabilidade ao mesmo tempo ecológica, social, financeira, cultural e ética vem se manifestando"[35]. Como um fim de ciclo, sem esperança de que "progresso econômico acarretaria progresso social e progresso moral", tanto no que envolve as relações sociais e produtivas, quanto a interação com o meio natural. "As formas de coisificação, seja em relação aos seres vivos em geral ou à própria humanidade, cuja mercantilização desenfreada se apresenta aqui apenas como um aspecto, expressam essa incapacidade da salvação pela economia"[36]. Ele também trata a questão da violência, da guerra, com uma afirmação simples e profunda: "A ideia de que o mal são os outros impede a humanidade de tratar sua própria barbárie interior"[37].

Identificam-se assim grandes questões sem encaminhamento, como a degradação ambiental, na relação entre a humanidade com os demais seres vivos e, entre as relações dos seres humanos consigo mesmos, a exclusão social com a eliminação de ocupa-

35. Patrick Viveret em Patrick Viveret & Edgar Morin, *Como Viver em Tempo de Crise*, p. 35.
36. *Idem*, p. 51.
37. *Idem*, p. 58.

çōes pelas revoluções técnico-produtivas, especialmente no mundo subdesenvolvido; a violência generalizada e seu agravar pelos meios de destruição em massa atuais; o recrudescer do terrorismo; e o retrocesso político decorrente desses problemas sociais, de disputas entre nações e de autoritarismos, associados a populismos nacionalistas. Os humanos estão envolvidos com estas questões desde o início das civilizações, mas nunca de forma tão articulada e global como neste século. Também por isso, essas questões são compreendidas de forma mais completa se situadas no quadro mais amplo da aventura humana. Faz sentido observar cada uma delas mais detidamente.

Degradação Ambiental Irreversível

A degradação ambiental é responsabilidade humana desde a disseminação dos *sapiens*, como predadores naturais, eliminando espécies, e, ao longo da história e mais recentemente, como monocultores e poluidores. Ela hoje é agravada por crescimento populacional, ampliação do consumo, obsolescência planejada de equipamentos, descarte de recipientes não degradáveis, emissão na atmosfera e na hidrosfera de gases e líquidos poluentes, assim como pelos chamados gases estufa, responsáveis pelo aquecimento global. A continuidade em longo prazo dessas práticas tornaria extremamente difícil no planeta a sobrevivência dos humanos e de muitas outras formas de vida.

São tantas as formas pelas quais ameaçamos a vida planetária que, como Harari aponta, "não temos sequer ideia das dezenas de milhares de maneiras com que rompemos o delicado equilíbrio ecológico que se configurou ao longo de milhões de anos"[38]. Ele concorda com a percepção da responsabilidade mesmo pré-histórica de nossa espécie, e com seu crescimento exponencial: "Durante milhares de anos o *Homo sapiens* comportou-se como

---

38. Yuval Noah Harari, *21 Lições para o Século XXI*, p. 151.

164 EDUCAR PARA O IMPONDERÁVEL

um assassino em série ecológico; agora está se metamorfoseando em assassino em massa ecológico"[39].

É interessante lembrar que agora se está ameaçando o equilíbrio do meio, a ponto de inviabilizar a própria vida humana a médio ou longo prazo, exatamente pela capacidade que esta espécie desenvolveu de explorar e transformar o ambiente terrestre para seu sustento e bem-estar. Mas a degradação ambiental não surge imediatamente junto com os *sapiens* que, tanto quanto outras espécies do gênero *Homo*, eram coletores e caçadores que perambulavam em grupos de dezenas em busca de frutos e animais de que se alimentavam. Sua migração sem destino previsto se dava pelo rarear local desses meios de subsistência e, precisamente porque migravam, o ambiente que deixavam podia se recompor.

Algum dano maior pode ter decorrido do domínio do fogo, com que se ampliaram as queimadas produzidas por eventos naturais como relâmpagos. Esse mesmo fogo, aliás, teve muitos diferentes sentidos para a espécie, como a defesa noturna contra seus predadores ou a melhoria na digestão de carnes e outros alimentos pré-cozidos. Maiores transtornos ao meio surgiram à medida que a espécie se tornou sedentária, portanto agricultora e pastoril, inicialmente junto a grandes rios em cujas margens encontravam terras férteis, úmidas e sem matas, e em cujas águas encontravam peixes, período em que também cresceu a população humana.

Transformações mais expressivas se deram com o desmatamento e o arado, que dependeram da produção do ferro e da criação de animais de tração, levando a maior crescimento dos grupamentos junto a áreas agricultáveis e a maior redução dos ecossistemas naturais com suas espécies, mas especialmente com a industrialização que amplia a ocupação do planeta, a demanda

---

39. *Idem, ibidem.*

de energia e demais recursos naturais, em que foi determinante a associação entre a indústria e as ciências experimentais.

O momento atual é de prejuízos irrecuperáveis, não somente pelo tamanho da população, mas especialmente pelo aumento desnecessário e irresponsável do consumo, como o descarte de embalagens não degradáveis e a emissão de gases e líquidos danosos, que alteram tragicamente a hidrosfera e a atmosfera, para muito além de sua capacidade de recuperação natural. Por isso, nesse momento da aventura humana, seria uma resposta ética a este problema, com amplo emprego de recursos científicos tecnológicos já disponíveis, conceber um programa de corresponsabilidades com a natureza, a partir de medidas internacionalmente acordadas, que promovesse um reequilíbrio para que o meio natural pudesse se recuperar da contínua intervenção produtiva, a partir de ações comunitárias em articulação global, que desenvolvessem outra cultura de preservação. Isso teria de envolver mudança radical nas embalagens, uso mais racional de energias no transporte e na indústria e, muito especialmente, cuidados especiais com a preservação da água potável. Mais do que tudo, se trata de uma mudança de cultura, o que só se consegue com a educação correspondente.

Desigualdade e Exclusão Social

A exclusão social, com a ampliação da desigualdade, por revoluções tecnológicas responsáveis pela robótica, informatização e inteligência artificial, é só a etapa recente das transformações do mundo do trabalho. Por isso ela precisa ser compreendida em sequência a processos milenares, bem anteriores à economia de mercado, passando por regimes de trabalho escravo, servil e autônomo, anteriores aos empregos assalariados. Antes das civilizações, bandos de coletores e caçadores dividiam suas funções de acordo com a condição de cada um. Com o sedentarismo, a cultura de vegetais e animais, o cuidado das crianças e a defesa contra agressores produziram alguma especialização. Impérios e civilizações estabeleceram hierarquias de funções, como dirigentes, sacerdotes, guerreiros, artesãos, camponeses e o trabalho escravo de povos conquistados. Na Idade Média, servos trabalhavam sob o mando e responsabilidade de nobres e sacerdotes. Apenas com a revolução mercantil inicia-se o trabalho remunerado e mercadores passam a dividir poder com a nobreza.

As revoluções industriais consolidaram a remuneração do trabalho pelo capital, nos setores de extração de mineral, agrícola, industrial e de serviços, em uma pirâmide de qualificações e remunerações, mas as transformações não se deram homogeneamente, pois enquanto continentes já avançavam na industrialização, outros permaneciam em estágios rudimentares de produção como meros fornecedores de matéria-prima e ainda praticavam trabalho escravo. Séculos depois, parte dessas disparidades se mantém, sendo ainda expressiva a diferença entre o desenvolvimento dos hemisférios norte e sul, além do fato de nações de industrialização tardia estarem se desindustrializando por não acompanharem as revoluções tecnológicas. E as experiências socialistas do século xx, em que a remuneração do trabalho era feita pelo Estado, sucumbiram quando a Rússia se tornou capitalista, enquanto a China, grande nação socialista remanescente, já abriga incontáveis empreendimentos privados que remuneram o trabalho e acumulam fortunas, ou seja, o país pratica de fato um capitalismo de Estado.

Como visto, as tecnologias contemporâneas crescentemente substituem o trabalho humano por máquinas automáticas, sistemas informatizados e inteligência artificial, gerando desemprego endêmico em economias atrasadas, levando à exclusão econômica e social de muitos, deslocando os antigos empregados para possíveis iniciativas autônomas, especialmente na prestação de serviços. Ou seja, as mesmas tecnologias que liberam o ser humano de atividades braçais e repetitivas e que tornam disponíveis recursos inéditos, também são responsáveis por crescente desemprego estrutural, especialmente nas economias cujo mercado de trabalho é industrial ou agrícola. Nessas, e em breve em todo o mundo, o problema previdenciário terá difícil equacionamento, pois com menos gente trabalhando não é possível manter a geração anterior de aposentados, o que acaba onerando os Estados e os leva a propor previdência privada, ou "capitalização", impraticável para os excluídos e os mais pobres, ou seja, aprofundando a crise social.

Por enquanto, ainda não se instaura uma exclusão social maior no mundo desenvolvido, mas especialmente em economias periféricas já é expressiva a população que vive de subempregos, sem perspectiva de nova inclusão econômica e cultural. Mas, como além do trabalho braçal e repetitivo, também funções de coordenação e concepção já começam a ser atribuídas a sistemas de inteligência artificial, talvez seja ilusório tomar o desemprego estrutural tecnológico como problema dos pobres, ainda que a diferença econômica leve à migração pela sobrevivência, o que é cada vez mais frustrante por conta da rejeição sofrida pelos migrantes em sua chegada.

Essa é uma problemática mais global, ou, como explicita Ulrich Beck:

[...] a crescente insegurança, que está se tornando a experiência básica da geração mais jovem, não é um fenômeno local, regional ou nacional. Pelo contrário, ela se torna experiência essencial das gerações de risco, transcendendo fronteiras, uma experiência compartilhada que podemos resumir nas palavras "unidas no declínio"[40].

---

40. Ulrich Beck, *A Metamorfose do Mundo*, p. 230.

168 EDUCAR PARA O IMPONDERÁVEL

Mas ele revela, em seguida, que as disparidades ainda produzem nos mais pobres a esperança de migrar em busca de oportunidades:

Enquanto no "Primeiro Mundo", especialmente para as pessoas mais jovens, os riscos e inseguranças de vida estão crescendo, os países que o constituem continuam a ser o destino de sonho para muitos jovens nas regiões pobres do globo[41].

Um aspecto essencial nessa problemática é o fato das economias de mercado obviamente não acolherem os que estão fora dela, deixando incertas as perspectivas dos novos excluídos que, como se vê, não se resumem aos migrantes. E, como tudo o que não se inclui no mercado, impõe ao Estado maiores responsabilidades, com uma sobrecarga dificilmente administrável. Parte do problema previdenciário e tributário em todo o mundo está também relacionada a isso. Há, enfim, um problema mal equacionado: o futuro incerto do trabalho e o correspondente problema da subsistência dos excluídos dos mercados de trabalho e de consumo. Mesmo para os que se empregam, há novas modalidades de venda do trabalho, que alivia a carga previdenciária do empregador, entre elas a transformação do empregado em autônomo, quando sua própria firma vende sua força de trabalho ao empregador.

Não estando à vista alternativas ao dilema dos totalmente excluídos, não bastam os cuidados providos geralmente por ONGs para amenizar as condições de sobrevivência dos reduzidos à miséria. Nesta nova etapa da aventura humana, uma resposta ética a esse problema seria identificar necessidades sociais, culturais e ambientais que envolvesse o trabalho dos potencialmente excluídos, identificando questões essenciais de interesse coletivo que

41. *Idem, ibidem.*

venham a demandar trabalho de todos. Caberia ao Estado, que acionaria agentes do mercado para contratá-los, prover os recursos para tanto, onerando ganhos excedentes devidos aos mesmos robôs e sistemas que os desempregaram.

Nesse sentido, teriam sentido solidário todos os projetos para a inclusão econômica e social dos que, por inúmeras razões, estejam "fora do mercado", mas sem ilusão de que algum grupo esteja ao largo do problema, que em longo prazo envolverá todos. A insegurança profissional assombra estudantes de todas as classes, pois ainda que a exclusão se tenha instaurado especialmente entre os mais pobres, ninguém está a salvo da incerteza sobre as ocupações que permanecerão fornecendo oportunidades de trabalho, incerteza que se aprofundará nas próximas décadas. Mal foi socialmente incorporada, a mudança de paradigma recente e vertiginosa em muito pouco tempo fez com que a condenação da exploração do trabalho humano desse lugar à perplexidade com o desemprego tecnológico.

Yuval Noah Harari sentencia:

A revolução tecnológica pode em breve excluir bilhões de humanos do mercado de trabalho e criar uma enorme classe sem utilidade, levando a convulsões sociais e políticas com as quais nenhuma ideologia existente está preparada para lidar[42].

Entre esses bilhões não estão somente os atuais excluídos, com formação possivelmente muito precária, mas igualmente os que hoje ainda estão empregados, e que no entanto já estão se tornando supérfluos, por conta de sistemas e inteligência artificial.

Portanto, a insegurança profissional é para todos, tanto para os que ainda estão escolhendo sua carreira e que não sabem que

---

42. Yuval Noah Harari, *21 Lições para o Século XXI*, pp. 38-39.

perspectiva terão quando se formarem e procurarem alguma colocação, quanto para os que, hoje empregados, percebem a sua instabilidade funcional por conta das modificações tecnológicas. Levando-se em conta essas considerações, a diferença entre a exclusão social, desemprego estrutural e incerteza profissional pode ser mera questão de tempo. Por certo, a crise global que essa circunstância acarretaria pode levar a um aprofundamento da inquietação que já se expressa em manifestações por todo mundo. Se resolvida esta crise em um futuro idealizável, em que nenhum ser humano seja "supérfluo", atividades culturais, artísticas ou científicas poderiam se tornar ocupações majoritárias.

Para sociedades relativamente periféricas do ponto de vista econômico, como as latino-americanas e africanas, a ameaça da exclusão econômica e a persistência do aprofundamento da desigualdade serão maiores do que em geral, assim como serão mais traumáticas as decorrências da crise devido à pandemia de 2020. O mesmo tipo de reação social a condições de vida insatisfatórias tem ocorrido e pode continuar a ocorrer em qualquer parte do mundo nos próximos tempos, mas nas regiões economicamente deprimidas, desigualdade e exclusão não estarão separadas do risco da violência crescente, assim como da ameaça à democracia, problemáticas mais especificamente tratadas a seguir.

Violência, Guerras e Terror Sectário

As guerras, que ocorrem por uma variedade de razões – econômicas, políticas ou religiosas –, são algo ancestral e exclusivo de nossa espécie, pois nenhuma outra constituiu grupamentos comparáveis aos dos humanos, nem desenvolveu combates de tal porte contra sua própria espécie. O surgimento da linguagem simbólica, e com esta o surgimento da razão, favoreceu o maior gregarismo e, com o crescimento dos grupamentos humanos, houve o domínio sobre as demais espécies de todos os gêneros, inclusive do próprio *Homo*. Esta mesma razão levou à busca do sentido das coisas e do domínio dos processos naturais, por meio de cultos e religiões, assim como à formação de impérios, cujos conflitos pontuaram a história das civilizações.

Nunca houve qualquer período sem guerras, mas elas têm poder de destruição sempre crescente, e suas vítimas nem sempre sabem por que morrem. Atualmente, são somente verbais os cotejos entre países com capacidade de conduzir guerras nucleares, que poderiam eliminar a espécie humana, mas basta a inconsequência desses acenos para revelar como pode ser tragicamente insensata a disputa por poder político ou econômico, ainda que as guerras possam ter razões e contendores modificados enquanto transcorrem, como na Guerra de Trinta Anos e nas grandes guerras do século xx. Assim, mesmo reconhecendo ser uma evolução necessária, mas difícil para a humanidade, seria essencial buscar superar seu impulso à matança, que já dizimou centenas de milhões de vidas e lançou muitas mais em sofrimento e desespero.

O historiador Peter Gay, abre um de seus mais importantes livros com uma afirmação sobre o que aqui se considera:

> As cicatrizes que a agressão deixou no rosto do passado são indeléveis. Guerras e rumores de guerras, lutas de classe, choque entre denominações religiosas ou grupos raciais e étnicos, rivalidades por postos e por poder na política e nos negócios, os ódios gerados pelo nacionalismo e pelo imperialismo, os enfrentamentos da vida privada [...] tudo isso, e mais, é um testemunho convincente de que a agressão forneceu a maior parte do combustível para a ação e a mudança históricas[43].

---

43. Peter Gay, *O Cultivo do Ódio*, p. 11.

172 EDUCAR PARA O IMPONDERÁVEL

Talvez mereça menção especial o fato de que o terrorismo recrudesce nas últimas décadas e aumenta sua frequência e mortalidade, atingindo quase semanalmente feiras, escolas, igrejas, produzindo dezenas ou centenas de vítimas. Não é demais apontar que pode futuramente se revelar pior do que guerras, porque destruir é bem mais fácil que construir. O suprimento de água, alimentos e energia de grandes metrópoles pode ser interrompido, com efeito mais letal que grandes guerras, o que certamente já está sendo levado em conta por responsáveis e agentes de segurança, que fazem com que usinas, mananciais e estradas passem a ser tão vigiadas como os aeroportos passaram a ser depois dos atentados às Torres Gêmeas em Nova York. O Estado policial que se instaura constitui, a um só tempo, a defesa possível e insuficiente contra o terror e uma limitação do que há de mais importante na vida humana: a liberdade.

Há uma razão profunda para dar atenção especial ao embate com grupos de convicção que pode envolver recursos extremos. Patrick Viveret é enfático quanto a isso:

Se entendermos que essa crise é, no sentido forte do termo, uma crise de fé, haveremos de nos dar conta também de que estamos em um momento no qual a questão religiosa, no sentido radical daquilo que liga os seres humanos e gera sentido para eles, torna-se uma questão central[44].

E ele igualmente associa essa questão ao que gera sentido à guerra:

As guerras de sentido, as guerras religiosas, as guerras fundamentalistas são ainda mais mortíferas que as outras, conduzindo a humanidade ao desespero em sua relação consigo mesma[45].

---

44. Patrick Viveret em Patrick Viveret & Edgar Morin, *Como Viver em Tempo de Crise*, p. 71.

45. *Idem*, p. 72.

Vê-se assim como o que, no início deste livro, se chamou de "ondas de choque de um passado inconcluso", continua constituindo desafio para o "diálogo na civilização, como diálogo de sentido"[46]. As grandes guerras que exterminam milhões, não se dão por pressupostos éticos, e geralmente têm razões não confessas só mais tarde percebidas.

O fato de que as oportunidades de violência prossigam em uma época em que todos fazem parte de uma civilização global, fazendo uso das mesmas tecnologias científicas para produzir, curar ou matar, produz a ideia de que a violência coletiva reúne todos em uma contraditória comunhão para a vida e para a morte. Igualmente preocupante é o desenvolvimento tecnológico de recursos para extermínio em massa, sejam as armas nucleares, cujos estoques já bastam para eliminar a espécie humana, sejam as biológicas, cujo obscuro desenvolvimento é pouco divulgado, mas cuja potencialidade de extermínio global se equipara à das armas nucleares.

Os embates armados de fundo econômico ou ideológico, tanto quanto o terror sectário religioso, invariavelmente ocorrem em função de interesses contraditórios, de reais ou pretensas diferenças, e da necessidade de eliminar "os outros", que estão "do lado de lá" das convicções, das fronteiras, ou da etnia, portanto em nome de algum interesse, alguma ideia, alguma característica ou algum deus. No entanto, quem se dispuser a investigar seu passado pode se dar conta que tanto quanto ser negro, branco ou amarelo, ser evangélico ou católico, xiita ou sunita, resulta de processos sobre os quais não decidiu. Assim como parte do Oriente Médio ser islâmico, parte do Oriente ser budista e da América Latina ser cristã, é algo que pode se dever à invasão otomana, às conversões de Ashoka e de Constantino e às navegações ibéricas trazendo

46. *Idem*, p. 75.

jesuítas. E as crianças dessas regiões ou comunidades poderão em futuro próximo acabar se matando em nome do acaso, ou seja, apenas pelo lugar onde nasceram.

Portanto, uma resposta ética seria aprender com a aventura humana que "os outros" são "nós em outras circunstâncias", razão para recusar a violência ao apreciar os diferentes, por nacionalidade, religião, etnia ou outras características, como parte da admirável diversidade que se produziu ao longo da história e antes dela. Viu-se que cada ser humano é singular e mais complexo em sua estrutura celular ou neuronal do que qualquer estrela ou galáxia. Assim, a violência da guerra e do terror corresponde ao extermínio de singularidades irrecuperáveis, sendo que religiões e ciência deveriam convergir na consciência de quanto a vida humana é especial e como os indivíduos são tão essenciais quanto suas diferenças, resultantes de eventos naturais ou históricos que fizeram os outros serem "outros".

Uma questão particular, mas igualmente importante, que já está se manifestando com relativa frequência, tem a ver com manifestações sociais e políticas motivadas por desigualdade econômica ou de insatisfação política, em que por vezes a violência emerge dos movimentos sociais ou, mais usualmente, da repressão a eles. Em sociedades submetidas a diferentes formas de opressão, e naquelas em que as desigualdades são crônicas e se agravam, o nível de violência nos enfrentamentos constitui uma das graves ameaças às democracias, o que se discutirá a seguir.

Democracias Ameaçadas

Possivelmente, os primeiros grupamentos humanos não se distinguiam de outros grupos de primatas, em termos de exercício do poder por espécimes dominantes, pelo gênero, pela força ou pela antiguidade, o que dever ter sido prática comum entre grupos do gênero *Homo* que perambulavam pela África e migraram para muitas partes do mundo. Assim, pode-se afirmar que os problemas políticos contemporâneos, ou seja, as questões sobre o poder nas relações sociais, são formas recentes de um processo milenar, envolvendo grupamentos humanos reunidos ou divididos por circunstâncias étnicas, territoriais, econômicas, culturais ou religiosas.

No entanto, foi só bem depois da revolução cognitiva, com o sedentarismo dos *sapiens* fundado na agricultura, quando centenas e depois milhares passaram a se estabelecer em um mesmo território, que religiões e impérios com suas hierarquias de mando foram se sucedendo e, com as civilizações, foram surgindo organizações políticas e suas ordens próprias. Não raro os chefes políticos eram tidos como deuses ou seus emissários, além de detentores das riquezas conquistadas. Talvez uma das primeiras separações entre poder político e religioso tenha sido realizada pelos estrategos, governantes atenienses, quando se inaugurou o conceito de democracia. Aliás, isso não se impôs como regra, pois em muitos dos impérios que os sucederam e mesmo na Idade Média europeia foi determinante a influência política das religiões e da Igreja.

O conceito de democracia surgiu na Grécia, mas foi a Revolução Francesa, com seus ideais de Liberdade, Igualdade e Fraternidade, que constituiu o marco mais expressivo das democracias modernas, que se difundiram por todos os continentes em processos que continuam até hoje, passando por avanços e recuos em inúmeros países. Especialmente com as revoluções industriais, democracias representativas situaram Estados como mediadores entre mercado e interesses sociais, taxando lucros e estabelecendo direitos de trabalhadores.

O questionamento da exploração do trabalho deu origem, desde o século XIX, a movimentos que no século XX resultaram em

176 EDUCAR PARA O IMPONDERÁVEL

países socialistas, muitos dos quais mais tarde foram sobrepujados pela economia de mercado, e hoje estão de volta ao capitalismo, ainda que de diferentes formas, como a Rússia ou a China. Com as tensões entre ambos os modelos econômicos se desenvolveu a social-democracia, que, já consolidada desde a derrota do nazismo e do fascismo na Segunda Guerra Mundial, passou a mediar interesses entre capital e trabalho e instituiu Estados provedores de serviços, como escolas, hospitais e transportes públicos. A criação da ONU, as sucessões de ditaduras e redemocratizações na América Latina, a liberação de nações colonizadas na África, precederam o fim da União Soviética e o surgimento do vigoroso capitalismo de Estado na China, preparando o cenário para o novo século, juntamente com a globalização econômica e cultural.

Possivelmente com a fragilização do paradigma socialista, diminuiu a força do Estado frente à do mercado e, mais recentemente, a social-democracia passou a ser continuamente acossada por propostas ultraliberais de deixar tudo à mercê do mercado, por vezes implementadas por governos autoritários, não raramente respaldados por alguma base popular. O recrudescer do autoritarismo, na forma de nacionalismos, racismos e outras formas de exclusão, em parte pode decorrer como oposição à globalização econômica e cultural, diante da qual as singularidades locais e nacionais se sintam ameaçadas. Isso tem sido interpretado por pensadores como Ulrich Beck como uma reação concertada em grande escala:

> A resistência feroz contra a cosmopolitização do mundo – pelos movimentos de renacionalização por toda a parte, através dos partidos antieuropeus na França, na Grã-Bretanha e na Hungria, bem como na Alemanha – lança luz sobre a força com que o mundo está se tornando cosmopolitizado. [...] mas sempre acompanhado pela antimodernidade. Seja biologismo, nacionalismo étnico, neorracismo ou fundamentalismo

religioso militante, é sempre uma questão de rejeitar ideologicamente as questões suscitadas pelo processo de modernização[47].

Pelo menos em parte, isso se deve à incapacidade das democracias modernas de acolher os deslocados pelo processo de globalização-informatização, abrindo espaço para demagogias populistas que lançam a culpa pelo desemprego estrutural nos trabalhadores imigrantes, nas limitações impostas por questões ambientais e na dificuldade de lidar com competidores internacionais. Tais situações não recuperarão as economias, mas já acenam com ações belicosas e de agravamento da problemáticas ambiental. Independentemente de não constituírem solução, sua manutenção pode promover perdas essenciais à vida democrática, com o agravamento dos demais problemas. Em outras palavras, o retrocesso político é agravado pelo fato de governos autoritários serem belicosos e não serem sensíveis aos economicamente excluídos nem aos problemas ambientais, deixando ainda mais imponderáveis os encaminhamentos àquelas questões.

E como nem sempre há falta de representação democrática, mas falta de consciência de que governantes autoritários não se ocuparão daqueles grandes problemas, é possível que eles tenham eventual apoio de parte das populações de seus países. Por isso, ao apreciar a aventura humana, neste momento singular uma resposta ética a tal problemática seria questionar se e quando há de fato uma ameaça à democracia, e lançar mão de todos os meios democráticos para, em nome das bandeiras da paz, da preservação do ambiente e da solidariedade, reverter o recrudescimento de autoritarismos nas diferentes regiões e realidades sociais, para retomar os mecanismos de consulta e negociação internacional em torno daquelas bandeiras.

---

47. Ulrich Beck, *A Metamorfose do Mundo*, p. 90.

178 EDUCAR PARA O IMPONDERÁVEL

Em síntese, em sua aventura cósmica e histórica, humanos aprenderam a investigar o universo, a filosofar sobre sua existência e a desenvolver recursos de interesse prático, com que alteram a natureza para sua subsistência e seus propósitos. Mas a forma com que esses mesmos recursos foram empregados tem degradado o ambiente de que depende a vida, tornado mais mortais os conflitos e segregado muitos do trabalho e demais práticas sociais. Essa situação crítica demandaria maior responsabilidade ambiental, determinação a manter a paz e solidariedade social, mas, pelo contrário, está sendo agravada por uma onda de autoritarismo irresponsável com as questões ambientais e sociais. Isso configura um futuro imponderável e recomenda um repensar da educação dos jovens, em termos de uma ética da aventura de que são e serão parte.

EDUCAR PARA O IMPONDERÁVEL

Também para uma pretendida reconcepção da educação, seria conveniente começar por uma apreciação abrangente sobre o conceito de educar, para situar essa prática em uma perspectiva temporal semelhante à que se dedicou para a espécie humana, seu pertencimento à biosfera e na sua ocupação transformadora do mundo e de si mesma. Trata-se, portanto, de ambientar problemática da educação desde o tempo em que ela surge como prática social instituída até o momento atual em que ela está sendo desafiada a fazer face às transformações vertiginosas de imprevisíveis decorrências.

Em etapas mais recentes da evolução da vida da Terra, muitas espécies de animais superiores, como pássaros e mamíferos, desenvolveram características que em muito antecederam as dos humanos, tanto no comportamento gregário quanto no cuidado das novas gerações que, diferentemente de espécies mais elementares, não nascem já preparados para a vida. O cuidado com as crias do gênero *Homo* e de outros primatas não se distinguia de muitos outros animais, quanto a alimentar, proteger e aconchegar os mais novos, assim como a gradativamente envolvê-los em todas as atividades do bando. Quanto mais complexo o animal, maior o tempo de amadurecimento das crias, e para os humanos a necessidade de formação em convívio cresceu especialmente com o desenvolvimento da linguagem simbólica e da razão, com sua transformação em seres de cultura.

Carlos Rodrigues Brandão, em seu pequeno e clássico livro sobre o tema, fala dessa semelhança e também de diferenças entre humanos e demais animais.

Não são raros os bichos cujos pais da prole criam e recriam situações, para que o treino dos filhotes faça e repita os atos de aprendizagem que garante a vida, como a mãe que um dia expulsa com amor o filho do ninho, para que ele aprenda a arte e a coragem do primeiro voo. [...] Na espécie humana a educação não continua apenas o trabalho da vida. Ela se instala dentro de um domínio propriamente humano de trocas: de símbolos, de intenções, de padrões de cultura e de relações de poder[48].

Colocar a educação em plano tão amplo permite vê-la integrando a aventura humana, trazendo elementos para, mais adiante, situar as questões impostas pelas vertiginosas transformações atuais.

Dezenas de milhares de anos desde a emergência da razão, com civilizações, hierarquias e funções, estabeleceram-se práticas mais comparáveis ao que hoje se chama educação, preparando para o manuseio de ferramentas ou armas, para o plantio, a caça, o preparo de alimentos e vestimentas, para os cultos religiosos e ações de governo, de acordo com hábitos e tradições de cada cultura.

---

48. Carlos Rodrigues Brandão, *O Que É Educação*, p. 14.

180 EDUCAR PARA O IMPONDERÁVEL

Mas mesmo em tempos mais recentes, já bem depois do estabelecimento da escrita, o letramento e a escola formal eram destinados a poucos. O acesso à leitura se ampliou com a imprensa e a maior difusão de livros, como os textos sagrados, mas a expansão da escolarização foi gradual, junto com a industrialização e a urbanização. Como já dito, mesmo na sociedade industrial não se demandava educação que promovesse igualmente todos os que tinham acesso a ela, pois, ao continuamente selecionar e excluir, a escola promovia entre suas etapas os degraus de uma pirâmide de competências crescentes que respondiam às demandas do mercado de trabalho, tendo em sua base operários e demais empregados e em seu topo coordenadores da produção ou dos serviços.

Ainda que se educasse para demais necessidades sociais e culturais, não somente para o trabalho, o gradativo afunilamento entre os níveis da pirâmide, com a retenção dos que não avançariam, não se fazia por mera classificação pelos dotes pessoais dos estudantes, mas para obter a seleção pretendida para o trabalho. Além da influência do contexto social e cultural em que se vive, persiste uma compreensão de que o progresso escolar se estabelece em função das condições pessoais e do mérito de cada estudante, o que pode sim ter algum sentido, mas mais determinantes são os objetivos econômicos que presidem a operação do sistema educacional.

Brandão expressou isso com clareza:

O surgimento de tipos de educação e a sua evolução dependem da presença de fatores sociais determinantes e do desenvolvimento deles, de suas transformações. A maneira como os homens se organizam para produzir os bens com que reproduzem a vida, a forma de ordem social que constroem para conviver, o modo como diferentes sujeitos ocupam diferentes posições sociais, tudo determina o repertório de ideias e o conjunto de normas com que uma sociedade rege sua vida. Determina também como e para quê este ou aquele tipo de educação é pensado, criado e posto a funcionar[49].

Assim, pode-se compreender a que propósito e finalidade se pensava a educação nas diferentes sociedades, feudal, mercantil ou industrial, ou seja, quem seria educado em cada uma dessas sociedades e com que propósito. É essencial tal entendimento para o pretendido posicionamento na atual sociedade pós-industrial, cujas questões sociais, ambientais e políticas não têm qualquer esboço de resposta, nem são explícitas as finalidades de maior prazo que deveriam dar sentido à educação. Noutras palavras, em cada etapa do último milênio, identificavam-se relações entre poder político e econômico e as diferentes dimensões da organização social, entre elas a da educação. Mas aparentemente se vive uma transição em que é incerto até mesmo o futuro próximo, razão pela qual não se sabe para que mundo se educa.

Os diversos sentidos dados à educação até o período industrial foram interpretados por um dos mais importantes filósofos da educação, John Dewey, a partir da compreensão de que "sendo a educação processo social [...], a construção educativa subentende um ideal social determinado". Algumas dessas formas de educação poderiam ter um humanismo de fundo, mas sempre limitadas pelas circunstâncias de seu tempo. Por exemplo, as concepções de educação "platônicas" seriam marcadas "por fazer das castas e não do indivíduo [...] a sua unidade social"; já "as racionalistas do século XVIII [...], com seu retorno à Natureza", não tiveram quem as pusesse em prática; enquanto "as idealistas institucionais do século XIX [...] restabeleceram a subordinação do indivíduo às instituições". Dewey mesmo, com seu humanismo, mas fiel à sociedade industrial de que era parte, propu-

49. *Idem*, p. 77.

nha "eficiência social, como finalidade educativa" ainda que admitisse que esse objetivo se mostrava "impossível sem cultura [...], sem nos erguermos a um ponto de mais alto descortino"[50].

O humanismo realista de Dewey pode ser inspirador, mas o que se pretende questionar agora é com que critério e finalidade se pode pensar na educação para a sociedade pós-industrial, assim como cogitar que tipo de formação humana seria a mais apropriada para fazer face às incertezas sociais, políticas e ambientais com que a humanidade hoje se depara.

Circunscrevendo a questão a apenas uma de suas dimensões, a do trabalho, viu-se como as revoluções tecnológicas, já iniciadas no século XX e hoje aprofundadas, eliminaram grande parte dos postos de trabalho da pirâmide de competências da sociedade industrial, agora ocupados por robôs, sistemas e inteligência artificial, tornando obsoleta a educação para ocupações cada vez mais desnecessárias.

Isso corresponde a um problema social, não somente educacional, e interessa compreender como tais revoluções podem impactar não somente os fins da educação, mas também seus meios. É preciso retomar brevemente o conceito mais geral de educação em função de modificações pelas quais a vida tem passado e está passando. Os mesmos recursos tecnológicos que transformaram o mundo do trabalho também ampliaram exponencialmente as possibilidades de comunicar e informar com que se efetiva a educação, o que produz revolução comparável ao surgimento da imprensa já que, como se viu, enciclopédias, manuais e boa parte dos textos técnicos, informativos e didáticos, assim como o acesso geral à produção cultural humanista e científica, estão sendo ou já foram substituídos por sistemas virtuais, por vezes com maior interatividade que uma clássica aula expositiva.

---

50. John Dewey, *Democracia e Educação*, pp. 132-133, 163.

Portanto, além de alterar meios materiais com que se pode aprender, igualmente afeta as funções e os modos de trabalho de professores, ou seja, as transformações impactam não apenas o futuro profissional dos estudantes, mas também dos educadores. No entanto, como já apontado anteriormente, a maior parte das escolas atuais continua semelhante às escolas da sociedade industrial, conduzidas por uma lógica de excluir para selecionar, produzindo uma distribuição de competências desnecessárias para as formas atuais de produção, em que mecanização, automação e informatização substituíram grande parte do trabalho humano.

Assim, o projeto escolar de "formação em série" para servir à produção em série se tornou obsoleto, o que é geralmente reconhecido ainda que não se tenha encontrado seu novo projeto, até porque muitas das sociedades que abrigam as escolas também não encontraram papéis produtivos para parte de suas populações, que em decorrência passam à condição de exclusão social. Acrescente-se que, ao se superar a "formação em série", também se ambienta o preparar para um futuro incerto.

Um Grande Desafio

Em função das grandes questões sem perspectivas de solução, estudantes e professores estão diante de um mundo imprevisível, daí a ideia de "educar para o imponderável" e, como mostrado no primeiro capítulo, muitos autores concordam, por diferentes razões, que a educação precisa ser repensada. Mas especial surpresa foi encontrar, com este livro já quase concluído, obra de outro autor propondo precisamente o desafio que aqui se pretende enfrentar. Isso produziu a curiosa sensação de estar escrevendo este livro para fazer algo já proposto há algum tempo. E é simplesmente pela franqueza de admitir essa "descober-

184 EDUCAR PARA O IMPONDERÁVEL

ta" tardia, que ela será citada somente agora e não na introdução, como seria natural.

Nesse livro, publicado há cerca de duas décadas, Edgar Morin apontou a imprevisibilidade de nossos tempos:

> Os séculos precedentes sempre acreditaram em um futuro, fosse ele repetitivo ou progressivo. O século xx descobriu a perda do futuro, ou seja, sua imprevisibilidade. Esta tomada de consciência deve ser acompanhada por outra, retroativa e correlativa: a de que a história humana foi e continua a ser uma aventura desconhecida. Grande conquista da inteligência seria se libertar da ilusão de prever o destino humano[51].

Na mesma obra ele aponta a necessidade de se apresentar a aventura humana na educação a ser promovida. Exatamente o que este livro busca, visando atender ao desafio de Edgar Morin:

> A educação do futuro deverá ser o ensino primeiro e universal, centrado na condição humana. Estamos na era planetária, uma aventura comum conduz os seres humanos, onde quer que se encontrem. Estes devem reconhecer-se em sua humanidade comum e ao mesmo tempo reconhecer a diversidade cultural inerente a tudo o que é humano[52].

Como se pode ver é surpreendente, ao estar sendo concluído este livro, deparar-se com outra obra que o proponha.

Estar de acordo com essa proposta é pensar a escola como um espaço de compreensão do presente que projete o futuro, que seja comunidade de aprender não somente do já consagrado, que apresente do mundo como problema, tendo o conhecimento científico, ao lado das linguagens, das humanidades e das artes, como permanente convite à dúvida e à invenção. Foi essa convicção que

---

51. Edgar Morin, *Os Sete Saberes Necessários à Educação do Futuro*, p. 79
52. *Idem*, p. 47.

sugeriu esboçar o que se sabe ou se cogita sobre a aventura humana, em seu desenvolvimento recente, em seu percurso histórico e em seus primórdios planetários e cósmicos, para entender o trajeto que conduziu à condição singular dos dias de hoje.

São elementos necessários para, em seguida, dar atenção privilegiada à educação, na qual se espera que haja alguma perspectiva do futuro para o qual os jovens se preparam, ainda que com consciência de sua imprevisibilidade. Sabendo que o todo social em função do qual a escola existe se reflete nela, de forma análoga a uma estrutura fractal que se reproduz nas suas partes, explicitar objetivos para a educação é pensar um aspecto do futuro humano sem perder de vista todos os demais.

Vale assim para a escola o mesmo que para a vida em sociedade, preparar para o imponderável em qualquer domínio da vida, da economia à política, dos conflitos sociais aos desequilíbrios ambientais, dos desencontros humanos aos desastres naturais. Na escola, cada um a partir de suas circunstâncias aprenderia a situar-se como partícipe da aventura humana, compreendida como percurso aberto para novos projetos e práticas sociais, não como rumo inexorável a ser reconhecido e seguido. Para que isso seja concebível, educar precisa ser mais do que equipar para um mundo dado, mas igualmente convidar para repensá-lo, sendo o estudante partícipe ativo na busca de rumos, e não parte de uma massa a ser conduzida.

De acordo com essa premissa, cada empreendimento ou instituição, como escolas e organizações sociais, poderiam atuar como comunidades em torno de objetivos comuns de convívio, trabalho ou formação, harmonizando internamente projetos individuais de seus partícipes, e se articulando externamente com a comunidade de que é parte e com as demais comunidades.

Assim, uma ética da aventura humana comporia uma filosofia do efêmero para projetar sociedade, trabalho e educação levando

186 EDUCAR PARA O IMPONDERÁVEL

em conta a condição imprevisível e transitória da vida como a conhecemos. A espécie humana, social e gregária, aprendeu a interpretar e transformar o todo natural de que é parte. E se aprendesse a conviver em comunidade, coibindo seu lado agressivo e predatório, enfrentaria mais facilmente o imponderável pelo qual é também responsável, e talvez pudesse entrar em uma nova e promissora fase.

O emprego da expressão comunidade nos parágrafos anteriores justifica uma pequena digressão sobre ela, objeto de contradições, mas recentemente retomada como um conceito que pode se tornar mais próximo das cogitações deste livro. Raquel Paiva adverte que "não é unívoco o conceito da palavra comunidade", que inclusive evoca regimes autoritários de passado recente, ainda que entre nós "sugere uma ordem alternativa", como em "rádios comunitárias"[53]. No mesmo livro, Roberto Esposito define comunidade de forma radical, não no sentido de conduzir indivíduos a um propósito dado, mas de expô-los ao inesperado:

> Ela se reporta ao caráter, singular e plural, de uma existência livre de todo sentido pressuposto, ou imposto ou posposto [...], de um mundo planetário, sem direções nem pontos cardeais, [...] prestes a nos comunalizar na condição de expostos à mais dura ausência de sentido e, contemporaneamente, à abertura de um sentido ainda impensado[54].

A ideia de se tomar uma escola como comunidade tem a ver com a busca conjunta de sentidos, que reporta à noção de *munus*, de onde decorre o termo *communitas*, como nos lembra Esposito no mesmo texto[55].

---

53. Raquel Paiva (org.), *O Retorno da Comunidade*, pp. 13-14.
54. Roberto Esposito, "Niilismo e Comunidade", em Raquel Paiva (org.), *O Retorno da Comunidade*, p. 30.
55. *Idem, ibidem.*

Assim, tratar a escola como comunidade criativa, não de processamento em massa como na escola da sociedade industrial, corresponde a desindustrializar a educação, para a formar indivíduos singulares em seus propósitos pessoais e corresponsáveis por seus coletivos de trabalho. Enfatiza-se, aliás, que a ideia de escola-comunidade não deve ter qualquer conotação autoritária[56]. Com aprendizagem ativa, promovendo corresponsabilidade e respeito às diversidades, a escola como comunidade aberta ao inédito, juntamente com o domínio das linguagens, da cultura humanista, artística e científico-tecnológica, cultiva a investigação, a dúvida e a verificação. Não somente as perspectivas de futuro pessoal, social e cósmico deveriam ser vistas como questões abertas, que de fato são, mas igualmente o passado não deve ser lugar de certezas, mas de interpretações provisórias sobre o surgimento das artes, religiões, nações e ciências.

É generalizada a percepção da inadequação das escolas em educar para as circunstâncias e a dinâmica de nossos dias. Charles Fadel, Maya Bialik e Bernie Trilling em publicação recente enfatizam esta compreensão:

> [...] o mundo continua mudando consideravelmente, enquanto a educação não se adapta na mesma rapidez. [...] Os desafios e as oportunidades atuais são muito diferentes daqueles da sociedade industrial, quando foi elaborado o primeiro sistema de educação moderno. E são diferentes até dos desafios de algumas décadas atrás, antes da internet[57].

A perspectiva desses autores é, em mais de um aspecto, convergente com a deste livro, lembrando que "estamos rapidamente

---

56. A eventual conotação autoritária do conceito "comunidade" tem a ver com a *Volksgemeinshaft* do nazismo (comunidade do povo), em que de todos os "iguais" se esperava opinião igual sobre tudo.
57. Charles Fadel, Maya Bialik & Bernie Trilling, *Four-Dimentional Education: Competencies Learners Need to Succeed*, p. 17.

188 EDUCAR PARA O IMPONDERÁVEL

acabando com os recursos que temos para sobreviver"[58]. Em outro momento, falando do deslocamento do trabalho humano, também reforçam a preocupação aqui expressa:

Primeiro, a tecnologia eliminou muito esforço e perigo do trabalho físico. Depois, eliminou muitas tarefas mentais tediosas que puderam ser automatizadas e, agora, ameaça substituir tarefas que exigem decisão especializada[59].

Descortinar a aventura humana, desde o surgimento e desenvolvimento de nossa espécie na biosfera até alcançar sua atual capacidade de intervenção construtiva e destrutiva, foi o que permitiu acompanhar o percurso realizado e apreciar melhor o imponderável da condição atual. Estender o olhar ao passado permite relacionar cada história pessoal à das demais pessoas de seu tempo, à dos seres humanos de outras épocas e à evolução de toda a biosfera, compreendendo o romance da própria vida como parte do romance da espécie.

Quem souber admirar o céu noturno e comparar os minutos-luz do sistema solar aos milhares de anos-luz da Via Láctea, aos milhões de anos-luz que separam esta galáxia da de Andrômeda, ou aos bilhões de anos-luz de galáxias bem mais distantes, poderá desenvolver um maior sentido de pertencimento à vida surgida nesse pequeno planeta e conjecturar sobre outras aventuras semelhantes em pontos inalcançáveis do cosmo.

Com a pretensão de discutir a educação em face dos atuais desafios humanos, escolheu-se fazer uma apreciação da aventura histórica e cósmica guiada pelas ciências humanas e naturais, antes de formular os impasses éticos a serem considerados. Considerou-se essencial situar a espécie humana entre incontáveis outras

58. *Idem, ibidem.*
59. *Idem*, p. 28.

no processo evolutivo, e o pequeno planeta em que surgiu a vida como minúscula parcela do cosmo, que não se sabe onde mais abrigará vida ou razão. Na história, viu-se como civilizações se formam e fenecem, mostrando como se chegou a uma civilização global, ainda que dramaticamente dividida.

Nesse momento, educa-se para um mundo em que, sem expectativa de superação, degradação ambiental, exclusão social, futuro incerto do trabalho e generalização da violência são problemas agravados por uma onda de populismo autoritário irresponsável. Por isso a responsabilidade ambiental, a solidariedade social e a determinação pela paz são expectativas que dependeriam de atributos das próximas gerações.

Trata-se de educar para um futuro desconhecido, mas partindo do mundo dado, do cenário em que se trabalha, que é essencial conhecer ao se pretender transcendê-lo. Como apontou Paulo Freire "a importância inegável que tem sobre nós o contorno ecológico, social e econômico em que vivemos"[60]. E não se trata, para ele, de meramente conhecer a circunstância dada, mas também de superá-la, como parte da vida coletiva. "O sujeito que se abre ao mundo e aos outros inaugura com seu gesto a relação dialógica em que se afirma como inquietação e curiosidade, como inclusão em permanente movimento na História"[61]. Ele também aponta o papel do protagonismo ético, "compreensão da História como possibilidade e não como determinismo [...], a capacidade de comparar de avaliar, de analisar [...] e por isso tudo, a importância da ética e da política"[62].

Quando o mundo for apresentado como problema, também no plano político, social, ambiental e filosófico, o conhecimento da ciência, das linguagens, das humanidades e das artes deverá ir

---

60. Paulo Freire, *Pedagogia da Autonomia,* p. 137.
61. *Idem,* p. 136.
62. *Idem,* p. 145.

se ampliando e os desafios acompanhando a crescente maturidade dos estudantes, como permanente convite a dúvidas e conjecturas, com oportunidades de questionamento e de proposição. Cada uma das problemáticas atuais deverá ser tratada a partir de uma apreciação realmente ampla de que circunstâncias do passado conduziram a ela. É o que se vai procurar sinalizar a seguir.

Educação e Degradação Ambiental

Não há hoje perspectiva efetiva para um desenvolvimento socioambiental sustentável, ou seja, capaz de compatibilizar progresso material com recomposição do meio natural, mesmo que seja crescente a consciência do problema. Na formação escolar, o problema ambiental é usualmente tratado em contexto unicamente contemporâneo, ou seja, sem perspectiva histórica ou antropológica, como se decorresse de inconsequência sem precedentes ou antecedentes. Ainda que seja indiscutível o agravamento atual, confinar os problemas ambientais ao presente leva a ignorar a realidade mais ampla da permanente intervenção da espécie humana em seu ambiente. Se for lembrado como os humanos foram se apossando da Terra, desenvolvendo saberes práticos com que atuaram na natureza para sua subsistência, assim como saberes teóricos com que interpretaram processos naturais e desenvolveram novas técnicas, ampliando sua capacidade produtiva e destrutiva, é outro o conceito a que se chega.

Trata-se, portanto, da construção de um conceito em uma temática de significado social e interesse coletivo, portanto ético, de formação de valor. José Maria Puig, em livro voltado precisamente para essa ideia[63], enfatiza a importância dessa dimensão:

---

63. Josep Maria Puig, *Ética e Valores: Métodos para um Ensino Transversal*, p. 148.

A construção conceitual de termos de valor não é um "luxo" acadêmico nem erudito, e sim uma necessidade para compreender, opinar e atuar diretamente em situações sociais. Os conceitos de valor são critérios que permitem julgar a realidade[64].

E, como será percebido, há frequente colisão entre o eticamente pretendido e a referida realidade, ou, como diz Puig, "sabe-se que os conceitos de valor não podem de nenhum modo esquecer essa tensão entre o que ocorre e o que nos parece razoável e justo"[65].

O que se deve perceber é que, ao alterar o ambiente em função de sua subsistência, este recebe impactos nem sempre reversíveis, resultando em espécies extintas e ecossistemas alterados. Assim, ao se apresentar o problema no cenário mais amplo da aventura humana, pode-se ver que não é de agora que espécies são extintas e a biosfera alterada pois, há mais de cem mil anos, onde chegavam os *sapiens* se extinguiam os grandes mamíferos. Se foram milhões de grandes mamíferos abatidos, comidos e extintos na pré-história, hoje são bilhões de bois, porcos, cabras e ovelhas, criados e comidos todos os anos.

Aliás, as ameaças ambientais estão associadas ao tamanho desses rebanhos, com seus pastos em lugar de florestas e os gases deles resultantes alterando a atmosfera. Extinções de centenas de espécies também prosseguiram, estando hoje ameaçadas outras espécies, como de araras, micos e ursos, juntamente com os ecossistemas de que dependem. E isso tudo envolve o impacto dos humanos na biosfera, da qual são parte.

Tendo sido mencionada uma alteração à atmosfera, vale lembrar que seus danos maiores são hoje devidos à energia empre-

---

64. *Idem*, p. 149.
65. *Idem, ibidem.*

gada nas indústrias, nos transportes e nas residências, tanto no consumo direto, como o de combustíveis de motores e máquinas, quanto no consumo indireto na produção de equipamentos e veículos. Não custa apontar que o domínio do fogo teve início com humanos antes dos *sapiens*, no entanto, sendo essas espécies migratórias, permitiam a recomposição do ambiente ao se afastarem. Nas civilizações, a cerâmica e a metalurgia se somaram ao uso doméstico, ou seja, começou o emprego indireto da energia, sendo interessante um exercício de comparar matrizes energéticas de grupamentos humanos em diferentes etapas de desenvolvimento.

Igualmente relevante seria analisar a evolução das matrizes energéticas, comparando a evolução do emprego de insumos não renováveis como petróleo, carvão mineral e compostos de urânio, ou de recursos renováveis como biocombustíveis, energia hidroelétrica e eólica. A preocupação com os combustíveis fósseis, como o carvão mineral desde a revolução industrial há três séculos, ou o petróleo nos transportes há pouco mais de um século, tem hoje uma dupla razão: queima-se em décadas o que a natureza armazenou em um bilhão de anos, e libera-se na atmosfera gases que podem reter a devolução da radiação solar ao espaço, aumentando a temperatura atmosférica média, o que interfere nos processos climáticos e no nível dos oceanos.

Ainda que a litosfera também seja afetada pela mineração, entre os mais sérios problemas ambientais da atualidade estão o da hidrosfera, comprometendo as reservas naturais de água potável, com a contaminação dos aquíferos tanto pelos insumos da monocultura agrícola, como pelo descarte industrial de efluentes líquidos não tratados, assim como o da atmosfera, que se torna uma espécie de estufa de temperatura crescente, por conta do aumento da concentração de gases resultantes de combustão industrial e automotiva, por isso mesmo chamados de "gases estufa". O aumento médio da temperatura planetária constitui uma das mais graves ameaças à chamada sustentabilidade ambiental.

Situado o problema em perspectiva cósmica, vale lembrar que água foi condição primeira para o surgimento e reprodução da vida e, se pensada na escala humana, a intervenção maior começou com o sedentarismo, inicialmente à margem de grandes rios, cujas cheias sazonais deixavam terras úmidas prontas para o plantio. Mais tarde, com o domínio do ferro, o desmatamento permitiu o plantio longe de rios, demandando canais e eclusas para irrigação, sendo que hoje uma única grande concentração urbana demanda mais água do que toda a humanidade nos primórdios da civilização.

Atmosfera, biosfera e hidrosfera são domínios interligados do meio em que humanos surgiram, transformaram e continuarão a transformar. Por isso, em lugar de condenar o processo civilizatório e a evolução social e econômica que se sucedeu, com a agropecuária, a industrialização e a urbanização, é preciso compreender como humanos e outras espécies poderiam conviver de forma sustentável, ou seja, harmônica e duradoura. É imponderável como isso será feito, mas há conceitos centrais a serem trabalhados, considerando serem finitos o planeta Terra e seus recursos: populações de espécies como a humana, que para sua vida em comum precisam de água e ar apropriados, não podem crescer indefinidamente; mesmo controlada a população, o consumo de recursos empregados para a vida não pode crescer sem limite e rejeitos não biodegradáveis não podem ser descartados no ambiente.

Essa problemática é também associada à desigualdade social, pois as condições de vida dependem profundamente das condições ambientais. Ulrich Beck dedica parte de seu livro, já citado, a esse aspecto, chamando atenção para a questão política.

194 EDUCAR PARA O IMPONDERÁVEL

As condições ecológicas, a distribuição de ativos e sistemas de poder que põem certas populações ou comunidades, ou mesmo continentes, sob maior risco na fase de clima em mudança. Há uma condição básica política implicada aí: quem é posto em risco na fase de reações políticas?[66]

Assim, mesmo não sabendo ainda como será possível resolver em escala mundial a problemática ambiental, há algo que se pode afirmar sobre sua efetivação. Quando e se a humanidade estiver preparada para ter um futuro mais duradouro, ela empregará mais energias renováveis, limitará a extinção de espécies e ecossistemas naturais, controlará o crescimento abusivo do consumo, evitará artefatos não reutilizáveis e embalagens não biodegradáveis, interagirá enfim com a biosfera, a hidrosfera e a atmosfera, de forma a não ultrapassar sua capacidade de recuperação natural.

Para que não se tome o imponderável como impossível, um alento para a busca de alternativas é saber que já se dispõe de recursos científicos tecnológicos para o monitoramento ambiental e para a exploração responsável de recursos naturais; da mesma forma, é ostensivo o sistema de intercomunicação capaz de articular ações e intercâmbios de recursos em escala global. Há, contudo, obstáculos políticos locais e internacionais para a efetivação de tais possibilidades, como será mostrado mais adiante.

Nas escolas, práticas diretas e explícitas para a educação ambiental começam pelo controle do uso da água, só empregando para limpeza e rega a água de reúso em lugar da potável, o emprego de copos e demais utensílios reutilizáveis, o uso crescente de energias renováveis, a coleta seletiva dos descartes, tudo isso praticado em associação com a formação conceitual para a problemática ambiental, assim como por visitas a mananciais hídricos e a locais para disposição ou reciclagem de rejeitos. Tal cultura

66. Ulrich Beck, *A Metamorfose do Mundo*, p. 115.

promovida no sistema escolar pode ser transferida ao plano doméstico por intermédio dos estudantes e ao plano político por seu envolvimento e engajamento social.

É mais difícil, contudo, estabelecer na escola uma relação eficaz entre a formação conceitual e ética a respeito do ambiente e a mudança nos processos econômicos de maior escala, como os industriais e agropecuários pautados unicamente pelo retorno dos investimentos, enquanto o cuidado ambiental envolve recursos públicos, ou seja custos repassados à população. Isso demanda formação de consciência global e decorrente compromisso ambiental de natureza política, ou seja, demanda coletiva por controles sistêmicos e legais, mundialmente acordados mas lamentavelmente desrespeitados. Não seria demais insistir que o confinamento da vida humana ao planeta Terra não permite que se adie indefinidamente o encontro de um reequilíbrio ambiental, hoje sem perspectivas.

Educação, Desigualdade e Futuro do Trabalho

É amplamente reconhecido o impacto das novas tecnologias no mundo do trabalho e na concentração de renda, com a entrada de robôs e sistemas no lugar de empregados, mas faltam propostas para superar as desigualdades crescentes na sociedade pós-industrial, ou para resolver em médio prazo o desemprego estrutural, especialmente em economias subalternas. A escola, entre suas finalidades, deve preparar para o trabalho, mas hoje é incerto o sentido futuro do trabalho e os reflexos sociais dessa incerteza. E esse não é somente um problema do futuro, pois em economias periféricas já se verifica a exclusão de muitos do mercado de trabalho e, portanto, também do mercado de consumo. Esse é um drama social sem resposta, problema que não é somente da escola e sim de toda sociedade.

196 EDUCAR PARA O IMPONDERÁVEL

Mas a escola responde às demandas sociais de cada contexto, e na falta de novas definições ela ainda responde à já pretérita sociedade industrial e, em princípio, às demandas da economia de mercado que naturalmente não se interessa por quem estiver fora dela. Em outras palavras, o mercado não tem entre seus propósitos abrigar os excluídos nem atender as incertezas de muitos dos que hoje estão na escola sem perspectivas. Vive-se uma difícil transição na organização social por conta das mudanças trazidas pelas novas formas de produção, e o anacronismo da escola está na companhia de outros, como o do sistema previdenciário, que tem sido massivamente questionado e tem motivado revoltas em economias subalternas há tempo, mas agora começa a acontecer também em países desenvolvidos.

O descompasso entre educação e trabalho ainda não tem levado a mobilizações semelhantes às associadas ao sistema previdenciário, ainda que educadores percebam a crise que se instala. Fernández Enguita, em livro já citado, deixa claro que

[...] importantes mudanças tanto no emprego quanto no trabalho põem hoje em questão a funcionalidade da organização escolar tradicional para as demandas, as necessidades, as oportunidades e os desafios do mercado de trabalho e da organização da produção[67].

E complementa dizendo que a escola,

[...] em grande medida seguindo o padrão da velha organização do trabalho hoje em crise, poderia ficar aquém das exigências do mundo do emprego ou, ao menos, de sua parte mais dinâmica e promissora[68].

Ele escreveu isso há uma década, tendo o problema se aprofundado desde então, pois além de robôs e sistemas tomarem empre-

---

67. Mariano Fernández Enguita, *Educar en Tiempos Inciertos*, pp. 34-35.
68. *Idem, ibidem.*

gos na produção e nos serviços, mesmo a "parte mais dinâmica e promissora" já está perdendo empregos para a inteligência artificial.

Entre as problemáticas associadas às transformações no mundo da produção e dos serviços, uma delas é o "desemprego tecnológico", que não é conjuntural e sim estrutural, ou seja, que não se superaria sem mudanças em profundidade que sequer estão à vista. Assim, essa crescente exclusão social é uma questão tão sistêmica e global como a degradação ambiental de que se tratou há pouco e, como aquela, atinge mais duramente trabalhadores menos qualificados em economias periféricas e sociedades marginalizadas, aprofundando as desigualdades. Este deverá ser um problema central a ser discutido como necessária temática da formação escolar.

Um outro problema é a incerteza profissional, que pode parecer mera questão pessoal para quem esteja empregado, mas que de fato é endêmica, ou seja, entre os que estão completando sua educação básica, muitos poderão fazer parte do contingente dos excluídos na sociedade pós-industrial. Mas para se compreender isso é preciso ver como se chegou aqui, ou seja, como o buscar na natureza recursos para subsistência se tornou busca de emprego para adquirir esses recursos.

Já na passagem à sociedade mercantil e industrial, se identifica uma mudança qualitativa inédita no conceito de trabalho. Como apontou Robert Kurz:

> [...] o trabalho da modernidade pode ser reconhecido como fenômeno especificamente histórico [... adotando formas] incompatíveis com todas as formações anteriores da história humana, porque nessas o trabalho, seu produto e a apropriação deste ainda aparecem essencialmente em sua forma concreta, direta, sensível. [...] o trabalho era, portanto, uma necessidade imposta pela natureza, porém precisamente por isso nenhum dispêndio abstrato de força de trabalho e nenhuma atividade social que traz em si sua própria finalidade[69].

---

69. Robert Kurz, *O Colapso da Modernização*, p. 25.

198 EDUCAR PARA O IMPONDERÁVEL

Mais adiante ele categoriza essa mudança:

[…] a forma de reprodução social da mercadoria torna-se uma "segunda natureza", cuja necessidade apresenta-se aos indivíduos igualmente insensível e exigente como a da "primeira natureza", apesar de sua origem puramente social[70].

Considerando que, por meio da robotização, da informatização e do recurso a inteligências artificiais, a produção na sociedade pós-industrial se tornou cada vez menos dependente da mão de obra humana, poderia se cogitar, parodiando Kurz, que a mercadoria teria se tornado algo de uma "terceira natureza". Metáforas à parte, há uma indiscutível modificação no conceito de trabalho, assim como do papel da escola em relação a este, sendo preciso dar uma atenção específica à aparente desconexão entre educação, produção e desenvolvimento.

Fernández Enguita, além de advertir sobre "o desmoronamento da crença"[71] na associação entre educação e emprego, ao mesmo tempo nos assegura:

[…] nunca teve a educação tanta importância econômica como em nossos dias, tanto para as sociedades como para os indivíduos […] na terceira revolução industrial que permite novas formas de mobilização dos meios de produção e de coordenação do trabalho […], que escapam à "deseconomia" das grandes fábricas[72].

Portanto, ao se perceber um desemprego associado à substituição do trabalho braçal e repetitivo por máquinas e sistemas, seria preciso enfrentar a necessidade de uma educação capaz de

---

70. *Idem*, p. 25.
71. Mariano Fernández Enguita, *Educar en Tiempos Inciertos*, p. 11.
72. *Idem*, pp. 36-38.

A ÉTICA 199

formar quem saiba fazer o que máquinas e sistemas não fazem, o que envolve uma educação cada vez mais elaborada. Assim, há dois problemas de curto e médio prazos a enfrentar. Um deles é a criação de programas capazes de ocupar os hoje já desempregados, o outro, o fornecimento de uma formação altamente qualificada que atenda à demanda dos novos tempos.

Uma ideia que pode ocorrer para tentar minimizar a exclusão dos menos preparados, para desempregar menos, seria adiar o uso das tecnologias avançadas, o que resultaria em baixa competitividade mundial e, por fim, se apresentaria como uma falácia. Advertência enfática, neste sentido, vem de Martin Carnoy, em texto escrito no início do século XXI, tendo como referência os EUA, a Europa e o Sudeste asiático:

> Não existe nenhuma correlação entre o uso mais ou menos intensivo de recursos informáticos, segundo os países e sua taxa de desemprego. Para qualquer país, fundamentar seu crescimento econômico com reduzida tecnologia, a pretexto de preservar empregos, seria simplesmente fatal[73].

O autor esclarece também a "solução" da terceirização, do trabalho em tempo parcial e do trabalho temporário:

> [...] os integrantes da população economicamente ativa são, progressivamente, definidos [...] não tanto pelo posto específico que irão ocupar a longo prazo, mas pelos conhecimentos adquiridos nos estudos e na execução do trabalho [...] que lhes permite passar de uma empresa para outra, de um tipo de trabalho para outro, enquanto se opera a redefinição de postos[74].

Mais adiante, na conclusão de seu livro, ele reconhece a diferença de tratamento dado à questão em diferentes países:

---

73. Martin Carnoy, *Mundialização e Reforma na Educação*, p. 48.
74. *Idem, ibidem.*

200 EDUCAR PARA O IMPONDERÁVEL

Evidentemente, diante da economia mundial que entrou na era da informação, cada país terá de enfrentar uma conjuntura econômica e política diferente: algumas economias são, essencialmente, rurais, enquanto outras já se encontram em estágio de industrialização e estão direcionadas para uma economia de serviços[75].

No que se refere às economias centrais, o bom nível atual de emprego dá razão ao autor, ainda que ele já apontasse a tendência à contínua migração da força de trabalho entre diferentes empresas, o que naturalmente corresponde a alguma precarização do emprego.

No entanto, maior é o problema das economias periféricas, que já carregam enorme déficit educacional e agravam seu histórico de desigualdade, mesmo porque, tanto nas atividades rurais quanto nas industriais, os trabalhadores desempregados pela mecanização, robotização e informatização dificilmente poderiam ser requalificados em curto prazo para assumirem função significativa na produção em uma economia pós-industrial. Isso tem resultado em enorme número de desempregados e subempregados, que são parte de indiscutível crise social e econômica sem equacionamento à vista, o que por si só explica a instabilidade política nas regiões de maior desigualdade e correspondente frustração de expectativas sociais.

Fica claro, pelo menos, que as questões em torno da relação entre educação e trabalho a partir da condição atual precisam ser formuladas considerando-se as diferenças entre os países tecnologicamente mais desenvolvidos, como os Estados Unidos, onde a produção pós-industrial tem levado a maior concentração de renda, mas sem maior desemprego, relativamente a países menos industrializados, como o Brasil, onde a depreciação econômica vem acompanhada de desemprego estrutural. Também distinta é essa questão para um país como a China, que, tendo assumido

75. *Idem*, p. 115.

notável desenvolvimento industrial e tecnológico, por um lado disputa protagonismo mundial com os Estados Unidos, por outro enfrenta o desafio das suas disparidades internas, econômicas e sociais. De toda forma, vê-se que não há fórmula única para se enfrentar o desafio da educação contemporânea.

Há mesmo quem veja com desalento uma "educação sem projeto", como José Gimeno Sacristán, que, depois de apontar que a crise se instaura "quando a educação passa a ser 'capital humano'", e, em seguida, acrescenta:

> [...] o certo é que boa parte da crise são descumprimentos das demandas externas que sacodem o sistema escolar, no qual parece que não se podem cumprir as necessidades de formação ajustada ao cambiante mundo do trabalho, nem completadas as necessidades da educação permanente ao largo da vida[76].

A questão central que se coloca é como apresentar a problemática social do trabalho na escola, tendo em vista tratar-se de questão aberta, diante da qual cada um terá de se posicionar à medida que se amplie sua participação na sociedade e no mundo do trabalho. Como se fez ao se tratar da questão ambiental, na escola as mudanças no sentido do trabalho deverão ser situadas em perspectiva histórica e pré-histórica, pois não se trata de processo isolado e sim da etapa contemporânea da sequência de evoluções associadas a transformações de demais práticas sociais e organizações políticas. Sem essa compreensão será ainda mais difícil interpretar o que sucede hoje e cogitar novas transformações, por isso a escola deve apresentar ao menos um roteiro para situar essa

---

76. José Gimeno Sacristán, "La Educación que Tenemos, la Educación que Queremos", em Francesc Imbernón (coord.), *La Educación en el Siglo XXI. Los Retos del Futuro Imediato*, p. 46.

problemática em perspectiva ampla, no sentido mesmo da "consciência do percurso" e da "ética da aventura".

O trabalho é um importante elemento para se caracterizar fases da aventura humana. Os humanos mantêm em comum com outras espécies o empenho pela sobrevivência, ou seja, por alimentos e segurança no convívio com a biosfera, mas se distanciam delas na capacidade de transformar o meio natural para seus objetivos. Nos primeiros tempos da espécie humana, as ações para sua sobrevivência eram as mesmas de outras espécies do seu gênero ou mesmo de primatas em geral. Entre bandos de humanos, há dezenas de milhares de anos, já pode ter havido alguma divisão de funções em seu contínuo perambular, como cuidar de crianças pequenas, fazer e manter o fogo, preparar armas e ferramentas, caçar e combater invasores, divisão que pode ter sido transitória ou permanente em diferentes grupos. Somente quando a espécie se tornou sedentária surgiram atividades análogas ao que modernamente se entende como trabalho, sendo suas divisões e especialidades mais próprias às civilizações, desenvolvidas há cerca de dez mil anos.

A partir do surgimento das civilizações, estabeleceram-se relações mais explícitas entre trabalho e poder, com hierarquias de funções relacionadas aos mandos políticos, e tanto quanto na natureza se estabelece pela força e pela astúcia o predomínio de espécies sobre outras no embate pela sobrevivência, na vida social entre humanos uma das formas mais expressivas de domínio sempre esteve na distribuição desigual de tarefas. É essencial que a educação mostre como o desenvolvimento humano acompanhou evolução dessas relações. Assim como era usual o trabalho escravo nos impérios, o trabalho servil nos feudos, é hoje o trabalho remunerado na economia de mercado, mas já sendo parcialmente suprido para máquinas e sistemas, levando agora ao trabalho autônomo, ou seja, ao empreendimento pessoal na venda da própria força de trabalho.

Essas mudanças estiveram associadas às transformações nas formas de produção e organização social. A mudança na natureza do trabalho, ao se passar das organizações anteriores para a sociedade industrial, produziu a escola correspondente que, como se viu, determinava os que seriam excluídos em cada nível e selecionava os que prosseguiriam para níveis mais avançados, produzindo a "pirâmide de competências" adequada para aquela forma de produção. Agora, na sociedade pós-industrial em que os estudantes se prepararam e viverão, as funções de muitos dos degraus inferiores da "pirâmide" estão sendo assumidas por robôs, sistemas e inteligência artificial.

Entre os efeitos sociais desse processo, indiscutivelmente está uma nova forma de desemprego, sem perspectiva clara de superação, como afirma Ulrich Beck:

> Por um longo tempo acreditou-se que uma forma precária de emprego, que existe em países latino-americanos semi-industrializados, era uma espécie de resquício pré-moderno do Norte global, que iria diminuir gradualmente e desaparecer na transição de uma sociedade industrial para uma sociedade baseada em serviço. No início do século XXI testemunhamos o desenvolvimento contrário: a "multiatividade" precária[77].

Em sociedades cujos sistemas educacionais estão mais voltados à promoção de todos que à seleção de alguns, em economias dinâmicas e globalmente competitivas em que os serviços tenham absorvido o trabalho excedente do sistema industrial, a nova forma de produção em parte promove um desejável alívio no trabalho braçal e repetitivo, e uma certa precarização do trabalho, cujo principal reflexo social e econômico tem sido o aumento da concentração de renda. Ao mesmo tempo amplia-se a distância entre esse mundo e o subdesenvolvido, sendo que nas economias

---

77. Ulrich Beck, *A Metamorfose do Mundo*, pp. 249-250.

204 EDUCAR PARA O IMPONDERÁVEL

subalternas, exportadoras de *commodities*, sem modificações sociais profundas, sua inevitável mecanização e informatização conduz simplesmente ao desemprego estrutural, ao aprofundamento da desigualdade e da pobreza e a busca de migração econômica.

Para enfrentar esse dilema na atual etapa da vida humana, é preciso primeiro compreendê-lo. Especialmente em sociedades menos desenvolvidas, a escola poderá ser determinante para superar o descompasso do desenvolvimento econômico e social expresso em crescente desigualdade, mas não resolverá todos os problemas sozinha. De fato, é de difícil previsão a evolução dessas economias, em função de suas problemáticas políticas próprias ou por conta do papel que cada nação venha a ter nas trocas internacionais.

Mas, diante do futuro incerto dessas sociedades, há papéis que devem ser assumidos pela escola. O primeiro é a difícil qualificação profissional para funções compatíveis com as formas contemporâneas da produção e dos serviços, cuja dinâmica deve ser levada em conta no projeto pedagógico e na realização do currículo, sendo a tônica desta formação a preparação para a contínua modificação dos desafios. O outro é a conscientização da cidadania para um enfrentamento solidário do desemprego endêmico e da contradição entre o desperdício de alimentos e outros recursos descartados pelo mercado e a miséria extrema de muitos. Não cuidar desse verdadeiro drama social é capitular diante do aprofundar de desigualdades, hoje já assumindo trágica dimensão para a vida humana.

Ambas estas questões são parte da conclusão do livro de Ulrich Beck:

Essa transformação no mundo do trabalho afeta os jovens de uma maneira particularmente severa. A experiência dessa geração reúne penosamente o que costumava ser exclusivo: a melhor educação, mas as piores chances no mercado de trabalho[78].

A obra se encerra com uma frase que sintetiza boa parte do que foi pretendido nesses últimos tópicos aqui tratados:

> Há uma síntese de pobreza, vulnerabilidade e ameaças implicadas na mudança climática e nos desastres naturais. Em suma, o *Neandhertalensis* e o *Homo cosmopoliticus* estão vivendo num mundo em que a desigualdade se tornou social e politicamente explosiva. O problema da desigualdade surge hoje no contexto dos problemas naturais, que são de fato produzidos pelo homem, em contraste com um horizonte em que a igualdade foi prometida para todos[79].

Como já dito, antes mesmo de apresentar essa circunstância atual, é importante que se promova uma compreensão da evolução do trabalho ao longo da aventura humana, desde a busca de meios de subsistência em grupamentos primitivos, a evolução de técnicas produtivas como a da agricultura nas primeiras sociedades sedentárias, e as diferentes modalidades adotadas nas civilizações, como o trabalho escravo, o trabalho servil e o trabalho remunerado a partir da modernidade e na atualidade, que deve ser considerado um direito por ser essencial à subsistência e à participação social, direito que está sendo frequentemente sonegado. Ao se cogitar um futuro mais generoso de superação global de todo trabalho subalterno, pode-se pensar que a dedicação às artes, às ciências e aos cuidados com o ambiente seja mais comum do que à indústria ou ao comércio, a cargo de máquinas e sistemas.

Mas, não menosprezando o atual agravamento de desigualdades sem perspectivas de superação, pode-se estimular debates

---

78. *Idem*, pp. 250-251.
79. *Idem*, p. 252.

sobre como garantir trabalho aos hoje excluídos, por exemplo, envolvendo-os em atividades de interesse público, hoje descuidadas. Ou seja, sobre como a sociedade poderia identificar tais necessidades, como arborização de cidades, manutenção de parques públicos ou reurbanização de comunidades carentes, demandando dos governos sua efetivação, ainda que remunerando empresas que empregassem os que estivessem sem ocupação, além é claro de atividades culturais, como artes coletivas.

Ao mesmo tempo, uma discussão sobre por que razões os excedentes de alimentos e outros recursos são simplesmente descartados, em vez de serem reaproveitados para minimizar carências, pode desenvolver consciência da responsabilidade social no cuidado com desigualdades extremas. No entanto, desde a educação infantil até as etapas avançadas da escola, uma importante atitude de profundo sentido formativo a ser desenvolvida é a de valorização do trabalho, que é o exercício por estudantes de diferentes atividades na escola, e seu estímulo para que as assumam também em casa, na limpeza, organização e manutenção dos espaços, no preparo de alimentos e nos cuidados com plantas e animais. A simples delegação dessas tarefas a funcionários na escola ou geralmente à mãe em casa deixa de desenvolver a corresponsabilidade essencial à cidadania.

Igualmente importante seria toda escola realizar ações solidárias, na comunidade de seu entorno imediato, envolvendo seus estudantes no dever de cidadania, não de favor ou de benemerência, com a consciência de que, em uma sociedade desigual, os mais carentes são nossos credores, não nossos devedores, e sabendo que ainda não se tem perspectiva para uma solução global da questão da desigualdade, problema deixado em aberto para o mundo em que os jovens viverão e que eles terão de resolver até especialmente no período pós-pandemia.

Educação, Violência, Guerra e Terror

Não se sabe como ou quando o processo civilizatório poderá coibir a violência. Como se observou, nos primórdios de sua aventura era natural o emprego da violência dos humanos contra outros animais, outros grupos de seu gênero ou de sua própria espécie. Assim, os confrontos humanos praticamente não se distinguiam dos embates entre quaisquer animais, e sua discussão ética somente passa a fazer sentido com a civilização. Mesmo entre civilizados, aliás, a condenação ética da violência não é livre de controvérsias, como no caso da violência "justa", frequentemente empregada em nome das convicções, da fé e dos direitos pretendidos, enfim, em nome das alegadas certezas de cada grupo contra seus contendores. Nesse sentido, é preciso aprender que toda guerra, como todo terror, tem origem em algum tipo de certeza.

É usual que violência seja hoje considerada imprópria ou criminosa, exceto quando o emprego da força é feito "em nome da lei", até porque civilização corresponde a substituir a violência em disputas por sua mediação pela justiça. Também por isso, e contraditoriamente, a civilização envolve a permanente preparação para o uso oficial da violência, como a organização de forças armadas ou de sistemas policiais que, em princípio, teriam o sentido defensivo em nome da segurança nacional ou social.

Uma frase, atribuída a Vegécio, um romano de há mais de mil e quinhentos anos, e usada pelo teórico da estratégia Carl von Clausewitz, *ci vis pacem, para bellum*, ou seja, se deseja a paz prepare a guerra, mostra como a preparação para a violência se justifica pela expectativa da violência, seja no campo militar ou no policial. E a ideia de combate e guerra é bem mais antiga, como foi visto ao acompanhar os primeiros tempos da aventura humana. A emergência da linguagem simbólica, portanto da razão, permitiu que os grupamentos humanos, incialmente de pequenos bandos, mais

208 EDUCAR PARA O IMPONDERÁVEL

tarde constituíssem nações, religiões e civilizações com milhões de integrantes. E foi quando humanos se tornaram seres de cultura, que passaram a se distinguir de outros humanos por território, poder e crença, que começaram a se combater em nome de suas diferenças e ambições.

O avanço tanto nas técnicas produtivas quanto nas destrutivas tem sido determinante para seu progresso ou sua destruição. Nessa medida, a história é a um só tempo uma história da economia, da política, das crenças e da guerra. Há guerras que começam por razões ou pretextos religiosos, territoriais e ideológicos, mas frequentemente associando essas motivações. A associação entre religiões e política, já mencionada antes, é amplamente reconhecida, e quem observa conflitos e guerras atuais nem sempre tem essa percepção histórica, tampouco de quanto isso é determinante para a propagação de crenças.

Geoffrey Blainey não deixa dúvidas:

> [...] para que uma religião se espalhe em uma nova terra, depende de o governante querer recebê-la. As religiões universais atraíram de forma especial os imperadores que não tinham uma coesão social. O budismo e o cristianismo [...] deveram muito de seu sucesso posterior à conversão de dois poderosos imperadores, Ashoka, da Índia, e Constantino, de Roma. [...] Por volta do ano 900, as três religiões universais tinham alcançado, entre si, a maior parte do mundo conhecido. [...] Dessas três religiões, a mais jovem era talvez a mais vigorosa e, com a ajuda de comerciantes árabes, o Islã estava conquistando uma vasta área do Sudeste asiático[80].

Ou seja, de eventos históricos de caráter político pode depender a fé de quem, muito depois, por acaso viveu em certas partes do mundo.

---

80. Geoffrey Blainey, *Uma Breve História do Mundo*, p. 128.

Ter essa consciência, sabendo situar no tempo e no espaço sua cultura, sua religião e suas convicções em relação às demais, reconhecendo as circunstâncias que deram lugar a diferentes costumes e crenças, em lugar de simplesmente condená-las ou combatê-las, permite compreender e apreciar as diferenças e desenvolver atitudes mais sábias diante da diversidade de convicções, em lugar de cultivar preconceitos e segregações. Desenvolver tal compreensão, eis uma função da escola, mas para realizá-la ela precisa apresentar sem pré-julgamentos a história das crenças e culturas, com sua relação com as disputas políticas e econômicas, para que cada um imagine que eventos e circunstâncias fortuitas o levaram a certas convicções, diferentes das de outros seus contemporâneos.

Assim, aprender a relacionar historicamente as relações entre fé e poder político ou econômico, permitindo melhor entendimento das razões que levaram às diferentes convicções atuais, com seus grupamentos e manipulações, seria uma das mais eficazes formas de combater o sectarismo e a consequente possibilidade de confrontos, mas isso ganharia muito com a compreensão mais ampla dos processos que resultaram nas próprias convicções e nas dos demais. Caberia a cada uma buscar saber em que medida a região de onde surgiu sua fé teria algo a ver, digamos, com a invasão otomana, com a conversão de Constantino ou de Ashoka, ou com outro fato histórico-político. Noutras palavras, esta consciência das heranças de nossas convicções talvez afastasse a tendência simplificadora da simples negação do "outro". E o que vale para as religiões vale igual para outras convicções e pertencimentos.

Não é simples empreendimento, mas é profundamente necessário superar tais propensões reveladas na história. Como diz Zigmunt Bauman:

210 EDUCAR PARA O IMPONDERÁVEL

[...] escapar ao horror da guerra, da crueldade e da violência leva à restauração e liberação do egoísmo, aquele dom natural a que cada indivíduo humano pode e vai recorrer, se tiver oportunidade. Permita-se que os seres humanos sigam sua inclinação natural, preocupar-se com seu próprio bem-estar, conforto e prazer, combinados no estado de felicidade – e eles com certeza logo descobrirão que assassinato, crueldade, saque e roubo dificilmente podem servir a seus autointeresses[81].

A violência, em todas as suas manifestações, é uma expressão desumana do ser humano. Sua permanência, assim como seu recrudescer sem perspectiva de superação, é uma das "ondas de choque do passado inconcluso" dessa espécie que dominou todo um planeta e não consegue dominar a si mesma.

O tamanho da ameaça que isso representa é tão maior quanto mais eficazes são os recursos técnicos, que servem tanto para construir como para destruir, lembrando que destruir qualquer coisa, edificações ou civilizações, é sempre mais fácil do que construí-las. Inúmeros eventos neste século, em escalas tão diferentes como jogar aviões contra edifícios, atropelar dezenas de inocentes ou fuzilar estudantes em suas escolas, revelam como o terror está presente e eventualmente sem controle.

O terrorismo, atualmente um dos desafios da humanidade, é manifestação extrema da capitulação à violência, quando algo como o horror da guerra é individualmente incorporado. E isso é resultado de um processo nefasto, em que se produzem terroristas, como explica Nilson Machado:

[...] as nacionalidades se apequenaram ou se desviaram para anseios de governo [...], as religiões se desfiguraram em intolerâncias e disputas sem fim, [...] disfarçando a necessidade da consciência e da racionalida-

---

81. Zigmunt Bauman, *A Arte da Vida*, p. 67.

de dos projetos. Em consequência, instala-se na mais pura das pessoas uma tensão e uma tendência para um vazio existencial[82].

Ele indica ainda a necessária formação humana, por meio

[...] da articulação entre projetos individuais e coletivos [...], de uma educação que valorize as culturas nacionais sem identificar diferenças com desigualdades [...], para participar de um mundo solidário"[83].

As práticas escolares podem efetivamente propiciar relação harmônica entre o individual e o coletivo, promovendo convívio solidário, mesmo diante de situações de conflito. Enfim, é preciso envolver estudantes na percepção respeitosa e solidária da diferença e no reconhecimento da impropriedade dos comportamentos agressivos e desrespeitosos. Artes coletivas como teatro, bandas e danças são práticas que promovem o convívio respeitoso, a apreciação harmoniosa das diferenças, e podem ser promovidas com estudantes de qualquer idade. Mesmo quando envolvam disputas, como nos jogos, em que a competição tem regras e só ocorre porque os contendores se respeitam.

Lino de Macedo aponta o desafio inerente

[...] à problemática social e cultural dos jogos [...] porque, em sua natureza, jogos são sistemas que implicam outras pessoas, um contexto, um antes, um durante e um depois, ganhar ou perder de alguém, compartilhar regras em comum, consentir[84].

Com indisfarçado entusiasmo, Zygmunt Bauman toma o jogo como vitalmente essencial à vida: "Alguém joga quando sabe

---

82. Nilson José Machado, *O Jornal e a Educação*, pp. 35-36.
83. *Idem, ibidem.*
84. Em Lino de Macedo & Rodrigo A. Bressan, *Desafios da Aprendizagem*, p. 64.

212 EDUCAR PARA O IMPONDERÁVEL

que suposições são o que elas são [...]. Nenhuma derrota é final e irrevogável. [...] Sempre se pode tentar de novo, porque seu fim só abre lugar para outro começo"[85]. Já Lluís Duch propõe mesmo um

> [...] adestramento lúdico como forma idônea para adquirir atitudes para a convivência. Efetivamente, o jogo é um acontecimento que sempre possui manifestações comunitárias (inclusive as que se referem à comunidade ideal), porque se baseia na interação efetiva e afetiva dos que dele participam. Além do que exercita os indivíduos para a autêntica corresponsabilidade[86].

E ele abre essa perspectiva para sua dimensão histórica, passando do jogo na escola para o "jogo da vida".

Enfim, educar para o convívio respeitoso, que rejeita agressões e violências, se efetiva em práticas participativas, que transcendam o discurso professoral. Por exemplo, conselhos de alunos e professores voltados especificamente para a mediação de conflitos são o reconhecimento de que os conflitos podem existir, mas também podem ser adequadamente resolvidos. Para alunos com alguma maturidade outra atividade formativa seria, após a apresentação de vídeos de guerra, de violência urbana, ou de resultados de ações terroristas, promover discussões diagnosticando que tensões e enfrentamentos ocorrem por razões sectárias ou xenofóbicas, nos quais os envolvidos têm tido suas opiniões manipuladas.

Princípios, a exemplo dos enunciados na ética da aventura singelamente esboçada no tópico anterior, podem e devem ser objeto de práticas, de formulações e de discussões na formação dos jovens. Tanto quanto atividades lúdicas ou desportivas, é importante conjecturar sobre o sentido da violência e da guerra, geralmente fruto das certezas, geralmente certezas dos outros. Para

---

85. Zygmunt Bauman, *Ética Pós-Moderna*, pp. 195-196.
86. Lluís Duch, *La Educación y la Crisis de la Modernidad*, p. 102.

saber viver com lucidez, percebendo que aprender a viver com a incerteza, desconfiar de certezas, inclusive das próprias, serve a paz e promove liberdade. Mas vale lembrar duas condições para o exercício da liberdade: conhecimento para escolher caminhos evitando riscos e ousadia de correr riscos para descobrir caminhos. São contraditórios, mas um decorre do outro, por isso a educação precisa ser mais o convite ao questionamento do que o propalar de verdades.

Educação e Defesa da Democracia

Não se sabe por quanto tempo mais prosseguirá o recrudescer de autoritarismos, já apontado como um dos grandes problemas atuais, que vem fragilizando democracias em todas as partes do mundo, em geral em processos associados ao populismo, ou seja, que se instauram por meio da vontade popular manipulada. Esse problema, como já dito, agrava os três outros problemas globais, uma vez que os governos autoritários geralmente desprezam a questão ambiental, hostilizando quem a defenda; não se mobilizam com a questão social da exclusão econômica e da desigualdade; e usualmente são entusiastas das armas, assim como violentos na manutenção da ordem estabelecida e na repressão aos que discordem. Mas não é simples nem imediato tratar na escola o problema do autoritarismo, quando a própria condução da educação está sob o poder, ou sob a influência, de um governo autoritário.

Como algumas questões foram aqui postas em termos éticos, em termos amplos da aventura humana e de natureza política, pode-se procurar saber em que circunstância a humanidade estabeleceu a política, para dar contexto ao que se vive hoje. Poderia ser simplificada a resposta a esta pergunta como "desde sempre", quando já se viu que foi com a emergência da razão que os humanos passaram a constituir grupamentos mais numerosos, submeter demais espécies e integrar nações e civilizações. Ou seja, a humanidade se estabelece com a razão, com esta estabelece civilizações, e com estas a política.

Vale a pena, contudo, ver como essa ideia é corroborada por um especialista em antropologia que produziu estudos envolvendo esta temática. Pierre Clastres deixa claro, não importa qual seja sociedade, a "impossibilidade que existe de falar de sociedades sem poder político". Mais explicitamente ele garante que "todas as sociedades, arcaicas ou não, são políticas, mesmo se o político se diz em múltiplos sentidos, mesmo se esse sentido não é imediatamente decifrável", e reforça ainda "que o poder político é imanente ao social [...], mas que ele se realiza de dois modos principais: poder coercitivo, poder não coercitivo", deixando claro também que o poder pela coerção é "simplesmente um caso particular", e não "ponto de referência"[87].

O que é certamente geral e precisa ser aprendido é que, de forma implícita e ou explícita, costumes e práticas consensuais definem uma sociedade ou comunidade como parte de sua cultura, em qualquer organização social. O poder tem sido exercido em nome disso, com ou sem o uso da força, ainda que impérios, domínios, feudos, ditaduras, que se sucederam ao longo de milênios, usualmente evoquem poder coercitivo, cuja legitimação é dada por um conceito de ordem, fundado em convicções religiosas, identidade cultural, ou afirmações de supremacia étnica.

A diferença entre outras épocas e a atual, ao tratar globalmente as questões do ambiente, da violência, da desigualdade e do autoritarismo, é o fato das muitas civilizações terem, aparentemente, dado lugar a uma civilização global. Por isso, quando se discute, por exemplo, o populismo autoritário, este é tratado como

---

87. Pierre Clastres, *A Sociedade Contra o Estado*, p. 37.

problema das democracias representativas. E é preciso aprender na escola que democracias estão presentes em muitas partes, mas não em todo o mundo, e que a democratização não é processo linear, nem contínuo, desde o legado da Grécia clássica, aliás escravagista, e de momentos decisivos como a Revolução Francesa, aliás logo sucedida pelo império napoleônico.

Mas, para se compreender o populismo nacionalista como retrocesso da democracia, possivelmente as comparações mais veementes são com processos dos últimos cem anos, como em parte se viu na discussão da aventura humana e em sua ética. É preciso que se aprenda na escola que a emergência do fascismo e do nazismo possivelmente pode ser creditada, como se discutiu nos capítulos anteriores, a sequelas econômicas e políticas da Primeira Guerra Mundial, como a impagável dívida de guerra alemã, que deixaram populações inteiras sem perspectivas, assim como é necessário explicitar a origem populista desses movimentos.

Em relação ao populismo atual, deve-se aprender que há paralelos, seja quanto à decepção popular com as democracias liberais, devido ao empobrecimento pelo desemprego tecnológico, ou mesmo quanto aos recursos empregados, lembrando que, como já foi mencionado, fascismo e nazismo se estabeleceram fazendo uso do rádio, então recente, ou de brigadas armadas, da mesma forma que os populismos autoritários da atualidade se estabeleceram fazendo uso das recentes redes sociais, ou de milícias armadas. Enfim, não é inédito lideranças populistas autoritárias terem sabido empregar recursos tecnológicos para difundir, junto às bases sociais, ilusões de que superarão pela força frustrações acumuladas por expectativas não satisfeitas.

Essa associação atual entre o populismo e o autoritarismo, explorando a frustração social com a democracia liberal, foi recentemente analisada em termos claríssimos por Yascha Mounk:

216 EDUCAR PARA O IMPONDERÁVEL

Movimentos de extrema-direita mais antigos sonhavam com a volta do passado fascista, ou procuravam estabelecer um sistema hierárquico que transcendesse a democracia. [...] Os sucessores desses movimentos não se abstêm da franca simpatia por um sistema mais autoritário, [...] pintam a si mesmos como alternativa ao *establishment* oligárquico[88].

Esses sucessores são os populistas autoritários da atualidade. Mounk também identifica algumas das expectativas não satisfeitas, que tornaram críveis esses sucessores do fascismo:

Desde o fim da Segunda Guerra Mundial, a complexidade dos desafios regulatórios enfrentados pelo Estado disparou [...] da mudança climática ao acúmulo da desigualdade, têm raízes globais e, ao que parece, superam a capacidade dos Estados nacionais de encontrarem respostas adequadas[89].

Aliás, ele também reconhece a habilidade dos populistas no uso das formas contemporâneas de comunicação, comparável, como se viu, com a de fascistas e nazistas. "Em anos recentes, foram os populistas que exploraram melhor a nova tecnologia para solapar os elementos básicos da democracia liberal"[90].

Ainda que diversos países compartilhem características comuns desse processo, as contingências de cada um podem ser bem distintas: disputas econômicas mundiais ou regionais justificam nacionalismos do tipo "ou nós ou eles"; Estados antes laicos dão espaço a movimentos políticos religiosos com repressão de costumes; o combate à criminalidade legitima Estados policiais de extrema violência; contendas religiosas ou étnicas dão margem a nacionalismo extremado e xenofobia. Em praticamente todos os

---

88. Yascha Mounk, *O Povo Contra a Democracia*, pp. 71, 183.
89. *Idem*, p. 82.
90. *Idem*, p. 183.

casos, contudo, há uma razão de fundo comum que é, frequentemente, a frustração de expectativas com as democracias liberais. De toda forma, a principal advertência é o populismo autoritário surgir da frustração popular dando oportunidade a pretensas soluções "com um só golpe".

Tanto quanto nos problemas do ambiente, da desigualdade e da violência, além da promoção do conhecimento de caráter histórico e social, há práticas escolares que, por si só, valorizam métodos democráticos. Se cada nova turma de alunos for recebida pelas anteriores e apresentada às regras de convívio periodicamente revistas, e se os representantes de estudantes nos grêmios estudantis, ou nos conselhos de classe e de escola prestarem contas de sua participação, isso contribuirá para a formação política dos jovens na melhor acepção desse conceito. Definições coletivas de princípios de convivência, deveres e direitos, em vez de mera coerção, são essenciais para uma educação antiautoritária. As artes, e talvez especialmente o teatro e o cinema, podem servir para a problematização de autoritarismos, com a clareza de que muitas democracias contemporâneas correm risco, sem projeto claro para preservá-las.

Educação e a Ética da Aventura

A hipótese que animou a produção deste livro foi a de que um descortinar da aventura histórica e cósmica, da qual é parte a vida humana, permitiria formular uma ética que contribuísse para formar gente consciente de seu pertencimento responsável à biosfera, reconhecendo-a como desde há muito alterada pelos humanos, e que se saiba protagonista da história, na delicada passagem entre as múltiplas determinações do passado e um futuro imponderável. A expectativa é de que, uma juventude consciente dos desafios do presente como a degradação ambiental, a desigualdade e

218 EDUCAR PARA O IMPONDERÁVEL

a exclusão social, a guerra e a violência sectária, agravados pelo autoritarismo que ignora esses desafios, se disponha a enfrentar essas questões, hoje em aberto, e saiba fazer isso contando com inéditos recursos conceituais e práticos para obter informações e partilhar ideias.

Para a formação dessa consciência, um pressuposto foi partir da compreensão de que uma dezena de milhares de anos da evolução civilizada foi precedida pela centena de milhares de anos em que os *sapiens* ocuparam o planeta, desenvolveram características como a razão, aprenderam a alterar para seus propósitos o meio natural e a dominar outras espécies que mais tarde cultivariam. A expectativa é de que, tendo como objetivo da educação a construção dessa consciência do percurso histórico e evolutivo, seja possível apreciar melhor o processo civilizatório e identificar problemas que agora o ameaçam de retrocesso.

A ideia de que a situação chegou a um limite que não pode ser ultrapassado é razão de ser de todo o livro, já comentado, de Ervin László, em que ele vaticina: "Se continuarmos a agir como fazemos agora [...] nossos sistemas se encaminharão para um caminho degenerativo"[91]. Esse autor aponta precisamente as grandes questões que foram aqui abordadas: "as sociedades serão abaladas pelo terrorismo e pelo crime, as relações internacionais serão dilaceradas por guerras e intolerância, a biosfera se tornará inóspita para a vida e a habitação humanas"[92].

Para enfrentar tais desafios, viu-se como é o mesmo conhecimento científico, capaz de conjecturar sobre processos naturais do passado e do futuro, que amplia a capacidade humana para construir e destruir. A mesma física que interpreta a fusão nuclear

91. Ervin László, *O Ponto do Caos*, p. 118.
92. *Idem, ibidem.*

no interior profundo de estrelas como responsável por toda energia que emitem, como a luz do Sol que propiciou a vida na Terra, também promove enorme arsenal de bombas termonucleares cujo emprego comprometeria a continuidade da vida humana. E é a mesma biologia que compreende as moléculas-receitas, no núcleo das células, com que cada ser vivo se organiza e se reproduz, que pode conceber terapias genéticas para um particular ser humano ou conceber armamentos para destruir toda uma população.

Na educação que se propõe, o conhecimento articulado entre ciências humanas e ciências naturais é convite para descortinar a aventura da qual humanos têm sido partícipes ativos, e para esboçar uma ética para seu convívio social e natural. Associar ciência e ética não deve significar a submissão de uma à outra, mesmo porque a ciência é permanente convite à dúvida, enquanto a ética envolve sobretudo convicções de princípio.

No cenário dessa jornada cósmica e histórica, viu-se um pequeno planeta fundente sofrendo a colisão que produziu a Lua, depois esfriando e vendo surgir em seu oceano primitivo a vida, que, cada vez mais complexa, mais tarde deu origem ao homem, que desenvolveu linguagem, artes e razão, com que protagoniza e interpreta o grande espetáculo da biosfera. O que se pretendeu foi promover uma apreciação da aventura da vida e da sociedade para que todos se saibam biosfera e não seus moradores, e se saibam história e não seus expectadores. Com isso, pode-se compreender como é pequeno o intervalo em que se situa no cosmo a vida humana e reconhecer a fragilidade do sistema que a sustenta. Essa consciência de pertencimento deve levar a um protagonismo entusiasmado, não a um melancólico sentido de impotência diante do imponderável, que exige a disponibilidade para o novo, não pretensa continuidade indiferente do vivido.

A propósito, esta associação entre ciência e ética diante do imponderável não pretende a submissão de uma à outra, pois seria

220 EDUCAR PARA O IMPONDERÁVEL

falso pretender que a partir da ciência seja possível remover incertezas. Segundo Bauman:

A visualização nunca pode pretender oferecer a espécie de certeza que os especialistas com seu conhecimento científico e com maior ou menor credibilidade pretendem oferecer. [...] Uma posição moral consiste precisamente em se precaver que essa incerteza não seja descartada nem supressa, mas conscientemente abraçada[93].

A dinâmica atual de rápidas transformações possivelmente impactará intensamente os jovens em seu entorno imediato, em perspectivas profissionais, direitos sociais, desigualdade e violência, mais do que problemas com desequilíbrios ambientais, cujos efeitos são usualmente tratados em termos gerais e que demandam mobilização mais ampla. Por isso, sua formação escolar deve ter alguma ênfase na compreensão dos processos políticos, cujo debate, sem ser partidário na escola, deve envolver os acontecimentos mundiais e locais e as questões sociais e ambientais. Nesse domínio da política, o imponderável é mais ostensivo e merece atenção especial.

É ilustrativo o posicionamento de Ulrich Beck em relação a isso:

O que precisamos, mais do que qualquer outra coisa, é de uma melhor compreensão de como nos orientar através das novas paisagens políticas e de como analisá-las. Esse é o aspecto mais importante da metamorfose, e inclui as próprias ciências sociais: precisamos de novas maneiras de ver o mundo, estar no mundo, de imaginar e fazer política[94].

Isso lembra a afirmação, já citada, com que Hobsbawm conclui um de seus livros: "se a humanidade quer ter um futuro reconhe-

93. Zygmunt Bauman, *Ética Pós-Moderna*, p. 251.
94. Ulrich Beck, *A Metamorfose do Mundo*, pp. 233-234.

cível, não pode ser pelo prolongamento do presente"[95]. Lembrando o quanto é difícil promover mudanças na cultura, que é o que a frase dele implica, e mudar cultura não se resume a discursar sobre isso.

A defesa do ambiente e da democracia, assim como recusa à violência, a desigualdades e autoritarismos podem ser promovidas em qualquer espaço educativo. Atitudes democráticas, de respeito recíproco na solução de conflitos, ou de cuidados com o ambiente são mais eficazmente aprendidas na forma de vivências reais, o que não exclui a necessidade do debate. Entre jovens, pode ser essencial a discussão da violência, do autoritarismo e de políticas públicas, com diversidade de pontos de vista, convicções religiosas e filosóficas, ou a apreciação crítica de mensagens em redes sociais que advirtam contra manipulações de opinião.

Nos anos conclusivos da educação básica, ao lado de vivências efetivas no emprego de linguagens, matemáticas, humanidades, artes e ciências, e do domínio prático e propositivo dos recursos de informação e comunicação essenciais para qualquer trabalho contemporâneo, as rápidas mudanças no mundo do trabalho precisam ser discutidas no contexto da elaboração de projetos de vida pelos estudantes. E além de preocupações pessoais com escolhas de suas profissões, eles poderiam também discutir alternativas para a inclusão econômica e social dos que acabam excluídos em função dessas transformações, como o desemprego estrutural tecnológico, uma preocupação solidária que se oporia à mera competição ou ao individualismo predatório.

Uma metáfora que pode ser desenvolvida, relativamente à necessidade e à importância de uma "ética da aventura", seria imaginar que um grupo numeroso de jovens tenha decidido empreender uma expedição para explorar extenso território desconhecido,

---

95. Eric Hobsbawm, *A Era dos Extremos: O Breve Século XX (1914-1991)*.

uma aventura que envolve riscos e demanda orientações para seu bom transcurso. E supondo-se que, com essa consciência, após discussão coletiva os jovens tenham cogitado alguns princípios: ninguém deve ser deixado para trás, sendo todos responsáveis por todos em qualquer circunstância; recursos essenciais, como água e alimentos, só devem ser utilizados na medida da obtenção de provisões no meio em que sobreviverão; conflitos devem tratados com compreensão e resolvidos com mediação; dissensos incontornáveis precisam ser respeitados, aceitando-se que parte da expedição prossiga em outro rumo.

A metáfora ilustra uma ética essencial para que não acabe mal uma aventura coletiva rumo ao desconhecido: não abandonar ninguém, preservar recursos naturais, resolver conflitos com respeito e garantir o direito a dissensos. Acrescente-se que a vida humana é uma grande aventura coletiva, rumo ao desconhecido e sem retorno. A educação fundada nessa ética desafia a juventude a tomar como seus os melhores anseios da humanidade, como o equilíbrio natural, a equidade social, a paz e a democracia.

No cenário apresentado pelas ciências humanas e naturais, cada ser humano é partícipe de um todo social e biológico integrado, o mesmo em que uma pandemia virótica, seguida por crise socioeconômica mundial, mostrou quanto a realidade humana e natural é sensível em sua interdependência. Uma educação conduzida com essa compreensão deve questionar as relações entre sociedade e natureza, mercado e Estado, nação e civilização, convidando a juventude a apreciar eticamente a aventura humana, desenvolvendo consciência e competências para enfrentar de forma solidária e criativa seu futuro imponderável.

Referências Bibliográficas

AGAMBEN, Giorgio. *A Aventura*. São Paulo, Autêntica, 2018.

ARENDT, Hannah. *Entre o Passado e o Futuro*. São Paulo, Perspectiva, 2003.

ARISTÓTELES. *A Ética: Textos Selecionados*. São Paulo, Edipro, 2015.

AYMARD, André & AUBOYER, Jeannine. *O Oriente e a Grécia Antiga: As Civilizações Imperiais*. Rio de Janeiro, Bertrand Brasil, 1994 (História Geral das Civilizações, 1).

_____. *O Oriente e a Grécia Antiga: O Homem no Oriente Próximo*. Rio de Janeiro, Bertrand Brasil, 1994 (História Geral das Civilizações, 2).

_____. *Roma e seu Império: As Civilizações da Unidade Romana (Fim). A Ásia Oriental do Início da Era Cristã ao Fim do Século II*. Rio de Janeiro, Bertrand Brasil, 1994 (História Geral das Civilizações, 5).

_____. *Roma e seu Império: O Ocidente e a Formação da Unidade Mediterrânea*. Rio de Janeiro, Bertrand Brasil, 1994 (História Geral das Civilizações, 3).

BAUMAN, Zygmunt. *A Arte da Vida*. Rio de Janeiro, Zahar, 2008.

_____. *Ética Pós-Moderna*. São Paulo, Paulus, 1997.

_____. *Retrotopia*. Rio de Janeiro, Zahar, 2017.

BECK, Ulrich. *A Metamorfose do Mundo*. Rio de Janeiro, Zahar, 2018.

BLAINEY, Geoffrey. *Uma Breve História do Mundo*. Curitiba, Fundamento, 2004.

224 EDUCAR PARA O IMPONDERÁVEL

_____. *Uma Breve História do Século XX*. 2. ed. Curitiba, Fundamento, 2019.

Bovo, Elisabetta (org.). *Grande História Universal: E Principio de la Civilización*. Barcelona, Folio, 2006.

Brandão, Carlos Rodrigues. *O Que É Educação*. São Paulo, Brasiliense, 1989.

Brasseul, Jacques. *História Econômica do Mundo*. São Paulo, Saraiva, 2012.

Capra, Fritjoff. *O Ponto de Mutação*. São Paulo, Círculo do Livro, 1982.

Carnoy, Martin. *Mundialização e Reforma na Educação*. Brasília, Unesco, 2002.

Chaui, Marilena. "Público, Privado, Despotismo", em Novais, Adauto (org.), *Ética*. São Paulo, Companhia das Letras, 1992.

Clastres, Pierre. *A Sociedade contra o Estado*. São Paulo, Cosac Naify, 2003.

Cleator, P. E. *A Era dos Autômatos*. São Paulo. Companhia Editora Nacional, 1960.

Creel, H. G. *Chinese Thought in Modern World*. Dublin, Mentor Books, 1953.

Dewey, John. *Democracia e Educação*. São Paulo, Companhia Editora Nacional, 1936.

Dobzhansky, Theodosius. *O Homem em Evolução*. São Paulo, Polígono, 1968.

Duch, Lluís. *La Educación y la Crisis de la Modernidad*. Barcelona, Paidós, 1997.

Edwards, K. J. R. *A Evolução na Biologia*. São Paulo, Edusp/Moderna, 1980.

Fadel, Charles; Bialik, Maya & Trilling, Bernie. *Four-Dimensional Education: The Competencies Learners Need to Succeed*. Boston, Center for Curriculum Redesign, 2015.

Ferguson, Niall. *Civilização: Ocidente x Oriente*. São Paulo, Planeta, 2016.

Fernández Enguita, Mariano. *Educar en Tiempos Inciertos*. Madrid, Morata, 2001.

Ferriss, Timothy. *O Despertar na Via Láctea*. Rio de Janeiro, Campus, 1990.

REFERÊNCIAS BIBLIOGRÁFICAS 225

FREIRE, Paulo. *Pedagogia da Autonomia*. São Paulo, Paz e Terra, 1996.

GAY, Peter. *O Cultivo do Ódio*. São Paulo, Companhia das Letras, 2001.

GIDDENS, Anthony & HUNTON, Will (org.). *No Limite da Racionalidade*. Rio de Janeiro, Record, 2004.

GOMBRICH, E. H. *A História da Arte*. Rio de Janeiro, LTC, 2012.

GREENE, Brian. *O Tecido do Cosmo*. São Paulo, Companhia das Letras, 2005.

HABERMAS, Jürgen. *The Future of Human Nature*. Cambridge, Polity, 2003.

HARARI, Yuval Noah. *21 Lições para o Século XXI*. São Paulo, Companhia das Letras, 2018.

_____. *Sapiens: Uma Breve História da Humanidade*. Porto Alegre, L&PM, 2016.

HAUSER, Arnold. *História Social da Arte*. São Paulo, Martins Fontes, 1994.

HAWKING, Stephen & MLODINOW, Leonard. *Uma Nova História do Tempo*. São Paulo, Ediouro, 2005.

_____. *The Grand Design*. New York, Bantam, 2010.

HOBSBAWM, Eric. *A Era dos Extremos: O Breve Século XX (1914-1991)*. São Paulo, Companhia das Letras, 1995.

HUXLEY, Aldous Huxley. *Admirável Mundo Novo*. Porto Alegre, Globo, 1982.

IMBERNÓN, Francesc (coord.). *La Educación en el Siglo XXI. Los Retos del Futuro Imediato*. Barcelona, Graó, 1999.

JONAS, Hans. *O Princípio Vida*. Petrópolis, Vozes, 2004.

JUDT, Tony. *Um Tratado Sobre Nossos Actuais Descontentamentos*. Lisboa, Edições 70, 2010.

KURZ, Robert. *O Colapso da Modernização*. São Paulo, Paz e Terra, 1992.

KURZWEIL, Ray. *The Singularity Is Near*. New York, Penguin, 2005.

LÁSZLÓ, Ervin. *O Ponto do Caos*. São Paulo, Cultrix, 2011.

LE GOFF, Jacques. *A Civilização do Ocidente Medieval*. Bauru, Editora da Universidade do Sagrado Coração, 2005.

LEVY, Nelson. *Ética e História*. Rio de Janeiro, Relume Dumará, 2004.

LIPOVETSKY, Gilles & CHARLES, Sebastien Charles. *Os Tempos Hipermodernos*. São Paulo, Barcarola, 2004.

226 EDUCAR PARA O IMPONDERÁVEL

LOVELOCK, James. *Gaia: Um Novo Olhar sobre a Vida na Terra*. Lisboa, Edições 70, 2007 (1. ed. 1979).

MACEDO, Lino de & BRESSAN, Rodrigo A. *Desafios da Aprendizagem*. Campinas, Papirus, 2016.

MACHADO, Nilson José. *O Jornal e a Educação*. Curitiba, CRV, 2017.

MAGNOLI, Demétrio. *História das Guerras*. São Paulo, Contexto, 2006.

MAIA, Hernani & DIAS, Hilda. *Origem da Vida*. São Paulo, Livraria da Física, 2012.

MARCUSE, Herbert. *O Homem Unidimensional*. São Paulo, Edipro, 2015.

MARGULIES, Lynn. *Symbiosis in Cell Evolution*. San Francisco, W. H Freeman, 1981.

MENEZES, Luís Carlos de. *A Matéria: Uma Aventura do Espírito*. São Paulo, Livraria da Física, 2005.

MITSCHERLICH, Alexander. *Auf dem Weg zur vaterlosen Gesellschaft*. München, R. Piper & Co., 1973.

MONOD, Jacques. *O Acaso e a Necessidade*. Petrópolis, Vozes, 1971.

MORIN, Edgar. *Os Sete Saberes Necessários à Educação do Futuro*. São Paulo/Brasília, Cortez/Unesco, 2000.

MOUNK, Yascha. *O Povo Contra a Democracia*. São Paulo, Companhia das Letras, 2019.

NOVAIS, Adauto (org.). *Ética*. São Paulo, Companhia das Letras, 1992.

PAIVA, Raquel (org.). *O Retorno da Comunidade*. Rio de Janeiro, Mauad X, 2007.

PEREZ GOMES, A. I. *A Cultura Escolar na Sociedade Neoliberal*. Porto Alegre, Artmed, 2001.

PERROY, Édouard. *A Idade Média: A Expansão do Oriente e o Nascimento da Civilização Ocidental. A Preeminência das Civilizações Orientais*. Rio de Janeiro, Bertrand Brasil, 1994 (História Geral das Civilizações, 6).

_____. *A Idade Média: O Período da Europa Feudal, do Islã Turco e da Ásia Mongólica (Séculos XI-XIII)*. Rio de Janeiro, Bertrand Brasil, 1994 (História Geral das Civilizações, 7).

_____. *A Idade Média: Os Tempos Difíceis (Fim)*. Rio de Janeiro, Bertrand Brasil, 1994 (História Geral das Civilizações, 8).

REFERÊNCIAS BIBLIOGRÁFICAS 227

PINKER, Steve. *Enlightment Now. The Case for Reason, Science, Humanism, and Progress.* New York, Penguin, 2018.

_____. "Is the World Getting Worse or Better? A Look at the Numbers". *TED Talks*, 2018.

PIKETTY, Thomas. *O Capital no Século XXI.* Rio de Janeiro, Intrínseca, 2014.

PRIGOGINE, Ilya & STENGERS, Isabelle. *Entre o Tempo e a Eternidade.* São Paulo, Companhia das Letras, 1992.

_____. *Order out of Chaos.* New York, Bantam, 1984.

PUIG, Josep Maria. *Ética e Valores: Métodos para um Ensino Transversal.* São Paulo, Casa do Psicólogo, 1998.

SAUSSAYE, Chantepie de la. *História das Religiões.* Lisboa, Inquérito, 1940.

SERRES, Michel. *Tempo de Crise.* Rio de Janeiro, Bertrand Brasil, 2017.

STEARNS, Stephen & HOEKSTRA, Rolf. *Evolução: Uma Introdução.* São Paulo, Atheneu, 2003.

VIVERET, Patrick & MORIN, Edgar. *Como Viver em Tempo de Crise.* Rio de Janeiro, Bertrand Brasil, 2013.

WEISSÄCKER, Carl Friedrich von. *Gedanken über unsere Zukunft.* Göttingen, Vandenhoeck & Ruprecht, 1966.

WESTIN, Allan F. (org.). *Information Technology in a Democracy.* Washington, D.C., Howard University Press, 1971.

Título	*Educar para o Imponderável – Uma Ética da Aventura*
Autor	Luís Carlos de Menezes
Editor	Plinio Martins Filho
Produção editorial	Aline Sato
Capa	Fernando Chui
Editoração eletrônica	Camyle Cosentino
Revisão	Carolina Sobral
	Plinio Martins Filho
Formato	14 x 21 cm
Tipologia	Adobe Caslon Pro
Papel	Chambril Avena 80 g/m^2 (miolo)
	Cartão Supremo 250 g/m^2 (capa)
Número de páginas	232
Impressão e acabamento	Lis Gráfica